This Book Offers Free Bonus Puzzles

Available Here:

BestActivityBooks.com/WSBONUS20

5 TIPS TO START!

1) HOW TO SOLVE

The Puzzles are in a Classic Format:

- Words are hidden without breaks (no spaces, dashes, ...)
- Orientation: Forward & Backward, Up & Down or in Diagonal (can be in both directions)
- Words can overlap or cross each other

2) LEVEL UP THE GAME!

A space is provided next to each word to write new ones, translations or notes. We also offer a convenient **NOTEBOOK** at the end of this edition. It can help you organize your annotations, new words and/or observations.

3) TAG YOUR WORDS

Have you tried using a tag system? For example, you could mark the words which have been difficult to find with a cross, the ones you loved with a star, new words with a triangle, rare words with a diamond and so on...

4) EASY TO CUT!

The Puzzles come with an Extra Large margin to easily cut the page out of the book. Some people may feel it more convenient to solve them this way.

5) FINISHED?

Go to the bonus section: **MONSTER CHALLENGE** to find a free game offered at the end of this edition!

Want **more fun** and activities to **relax? It's Fast and Simple!** An entire Game Book Collection **just one click away!**

Find your next challenge at:

BestActivityBooks.com/MyNextWordSearch

Ready, Set... Go!

Did you know there are around 7,000 different languages in the world? Words are precious.

We love languages and have been working hard to make the highest quality books for you. Our ingredients?

One part easy-to-read print, three parts entertainment, then we add some challenging words and a pinch of rare ones. We brew them with care to serve you lots of fun and an opportunity to solve the best puzzles.

Your feedback is essential. You can be an active participant in the success of this book by leaving us a review. Tell us what you liked most in this edition!

Here is a short link which will take you to your Amazon orders review page.

BestBooksActivity.com/Review50

Thanks for your fidelity and enjoy the Game!

Delta Classics Team

Puzzle 1

```
F C R O C F F V K E K H U N F
I O E A O O I C I F E N E B L
L R I V C L E U V N E Y X T U
T T N K O E L B I K U Y Y W C
L É A O D U T L E R G O Y Y Z
L S D F R S R Q O D I T R E V
P U O D I I O T N E T A L A S
S E J W L C C D E P R I M I R
R N N O O O D A B O R P M O C
P X Z S D A D I C O L E V N H
U K B Z A S O I R U C D A E B
X Z O G M R X A X J P P J L Z
I N D E P E N D E N C I A L F
S A L C H I C H A S Z Y C O E
```

PENSAR	LLENO
SALCHICHAS	CURIOSA
DOCTOR	BENEFICIO
CORTÉS	VERTIDO
SUELO	REINADO
VELOCIDAD	DEPRIMIR
COCODRILO	INDEPENDENCIA
FIELTRO	SALA
CAJA	LUJO
COMPROBADO	ATENTO

Puzzle 2

```
E S T A N C I A V V Z F J B Z
R E C H A Z A R E D R E P B O
D E N T I S T A N B G K R N S
C O N C E D E R D I B B D Ó A
C L O G R A R W E A H H R I T
M A F L U I D O D C H A M C O
E E P O O V O S O L E T U A C
Q Y N A N F T O R A P X O S S
Q D U S Z U N R S V E P H R A
U B T N A A O G S E K F L E M
F O R M A J T I H T U S F V W
X L N T L H E L L E E R X N L
N O C H E H M E D P G X G O N
R E S U M I R P M W X R S C S
```

NOCHE
CONVERSACIÓN
DENTISTA
MASCOTAS
VENDEDOR
FLUIDO
RECHAZAR
ESTANCIA
CONCEDER
RESUMIR

FORMA
CAUTELOSO
LEER
LOGRAR
PERDER
MENSAJE
TONTO
CAPAZ
GRUESO
PELIGROSO

Puzzle 3

```
G V S S Y O D R L W W A I C T
S L T W S T A A K X D R M O É
X C O E D X D T T O S R I R R
H V U B X J O Ó O L L E T D M
F H X Y O Y D N P S A G A E I
I E A S D S J N I T P L R R N
E U Q N A T S E N N X A J O O
G Z M D D H L O T S D R L B S
P E R D I D O R A Z N E M O C
C D Q A U O W V R P Z M K M C
R U U D C O C H O X Q U C T T
D E S U S M I R A D O C P I E
F R I I E B V L F D Z H Q R E
U X B C D F O L V O Y A U C G
```

ARREGLAR
TÉRMINOS
PERDIDO
HUESO
RATÓN
CORDERO
DESCUIDADO
GAS
ESTANQUE
MIRADO

GLOBOS
CIUDAD
COLAPSO
MUCHA
COMENZAR
IMITAR
PINTAR
DADO
RITMO
OCHO

Puzzle 4

```
V E R S I Ó N S H I S M P H C
X Q R E F U É Z T O M A T E O
M A G I K I W A L E V R N Z M
D S F O P V S P B Z X B Ó C P
P W S M V N G A F B O E I R L
U Y E D P V E T K Z D C C E I
L I N E C U D O R P I U A C C
C J I F Y X J S S O R S U E A
M O N T A Ñ A S L O A T L R D
E C O N Ó M I C O R M J A C O
T W T N I Z A U G L K R V H F
M A T R I M O N I O U F E O M
S E C C I Ó N S J I O U P H J
M A R C A D O R M O C H I L A
```

CRECER
PRODUCEN
HERMOSO
CIEMPIÉS
VELA
MARIDO
VERSIÓN
ECONÓMICO
MOCHILA
MATRIMONIO

EVALUACIÓN
CEBRA
GOL
ZAPATOS
SECCIÓN
TOMATE
MARCADOR
COMPLICADO
GRASA
MONTAÑAS

Puzzle 5

```
M F L E X I B L E D E L L P W
P A C Í F I C O A T C W D T H
G R A V E D A D N V N H P D M
W G S Q P P Q E U Q O H C U M
L O C A L T G M E J O R A R O
A L X A C I T Á M A R D C A V
C R U M L A Ñ E S O E O P U I
C N D E T N E T N I N B D C M
R A T I V E K P A G Y R S A I
J N V J L S V L E B J E R V E
I R G I Q L N L W M Q V R E N
E Z Y B O D A B Á S R E C G T
E B A C A R E I C N A N I F O
P E R I Ó D I C O G F U Y F T
```

SEÑAL
MOVIMIENTO
ONCE
EVACUAR
FINANCIERA
VERBO
SÁBADO
EVITAR
MEJORAR
PACÍFICO

ARDILLA
GRAVEDAD
CONGELAR
CHOQUE
LOCAL
INTENTE
INTELIGENTE
PERIÓDICO
FLEXIBLE
DRAMÁTICA

Puzzle 6

```
O V Q E Z R H H Z K K R I D B
B I D B E B N O C C I O P I E
V S V G Q N E T R H N D O S F
O T L S R V I S L S V I T P J
A A S O P S E E Q A I L A O H
W C V S N J Q U P L E L D N I
U E C Q G F U P G V R A I I P
S O T I U Q S O M A N X D B O
A J N G Y A S Z Z R O H N L P
C Z B L D A D I R O T U A E Ó
E O D A Ñ E S N E N R S C N T
B Q N A C T I V O I R C L E A
O A E N E M I H C Ñ K H J B M
G N O T I C I A S A U F B M O
```

NOTICIAS
HIPOPÓTAMO
ESPOSA
ENSEÑADO
VISTA
GANADAS
AUTORIDAD
OPUESTO
ACEBO
CANDIDATO

RODILLA
MOSQUITOS
NIÑA
CHIMENEA
DISPONIBLE
PEINE
ACTIVO
INVIERNO
SALVAR
REGLA

Puzzle 7

```
P G W D S T N I X N P D U I Z
L U Q L Y E U V Ó Z R E V J J
A I P M G R N I V E O T M S A
N S A O A Í C I L O P E Q F T
E A R J F A G C O A I C R B O
T N E G D N H N A R E T H I L
A T D N N A C I D O D A W A L
S E U R S E R I A T A R I W O
S N O E X A C T A K D R X X P
I C A U C H O P T G E K B Y E
A C L A R A R G O T C E F E R
P R O F U N D O A C R E C A V
H I D C G H G M S R V I U D W
E Y I Y N T W I A L U N A G I
```

PLANETAS

PARED

DETECTAR

SERIA

ACLARAR

NACIDO

ACERCA

MATERIAL

REPOLLO

EFECTO

ERAN

EXACTA

PROPIEDAD

LUNA

PROFUNDO

SENIOR

POLICÍA

INUNDACIÓN

CAUCHO

GUISANTE

Puzzle 8

```
M C O N S E C U T I V O T H A
O E T G P R O D U C I R O A R
T O L H O E I R U O N U M Y T
E T E H O C S A T F E D A K Í
L A U D I V I D N I G E D Y C
N S B J W X Y A L T O R O P U
T P I Ñ A Y Q Q F B C R P P L
C O C I S Í F T L V I K G A O
E U R A J E L F E R A U G P A
F I E T E J R N Í D R A J D A
E Q R N A N I L L A G O A J N
T L A U T R I V P Z F S P H C
U R O V P A R E A L A E C X R
D I S C U R S O D C W S D T V
```

VIRTUAL   GALLINA
PRODUCIR   PIÑA
MOTEL   TOMADO
DISCURSO   ARTÍCULO
DURO   NEGOCIAR
CONSECUTIVO   CUENTA
FÍSICO   JARDÍN
REAL   CASADA
INDIVIDUAL   REFLEJAR
COHETE   TORTA

Puzzle 9

```
C I N T U R Ó N Ó I C I F A W
P F L W K U Q S A X P Q P C O
E E A I S R O Z G B J M U O S
S J T M S N E D N E I T B R C
A K N P I I C A N E L A L T U
D X E O P L G D F Y X H I A R
O A M X H S I U H W V Q C R O
E O A L G H R A E Q B D A X Ñ
T S D W P M L M R R V O C D A
R E N O P S O P Z I R R I G M
O U U Á R B O L E S Z A Ó Y A
P Q F E X C E P T O V A N Q T
E L U A H M I L I T A R D Q G
D R E G A L O S A Z J R L O L
```

PESADO
QUESO
POSPONER
CORTAR
EXCEPTO
GUERRA
MILITAR
PUBLICACIÓN
DEPORTE
REGALOS

OSCURO
PIEZA
CANELA
AFICIÓN
TIENDEN
FUNDAMENTAL
ÁRBOLES
TAMAÑO
CINTURÓN
FAMILIARIZADO

Puzzle 10

```
H I D E A B N R P O H H N E M
B X A M C F A J U S Y R W C M
F J W I U R I R E F E R Q O U
L N A F E S P A R H A V U M J
O H A P C L E R R Q C N M P E
G W O B I M H O O Q I M O A R
W O B E B E M L E V P E R Ñ I
C V S Z L S X L E D Í T D Í R
U A G C O N T R A S T E E A B
H Z O F F J S S B C X R D C U
S E L A P I C N I R P U U O C
B R S O D A U C E D A B R L S
U E V A W X S A B I O A A O E
S C D A D I D O M O C T D O D
```

TABURETE
SABIO
DESCUBRIR
COOPERAR
IDEA
MORDEDURA
COMODIDAD
UNIVERSIDAD
COMPAÑÍA
REFERIR

CONTRASTE
PRINCIPALES
TÍPICA
LLORAR
LOCA
CEREZA
MUJER
PUERRO
ADECUADO
MUSEO

Puzzle 11

```
C I U D A D A N O R R L G Y Z
R Á P I D O S P J A A A H U I
R E C O R D A R L R C V M V U
E T E D O C G L S U Ú A D O C
D B U M B O O A R P Z R A G N
N K L C P R R L G R A P O I E
E L N K R L D G W Ú X R O M C
C O U A H O E S Z P Q U R A A
S B S A A S P A T U Y O T U N
E E Q S Y A H O R W N X S L A
D J F S O R E T N E A O E A R
C O N O C I M I E N T O A E I
F S B R M G G R A D O G M E O
E S P A N T A P Á J A R O S J
```

ENORME
AMIGO
CIUDADANO
EMPLEAR
ENTEROS
CONOCIMIENTO
PÚRPURA
RÁPIDO
ESPANTAPÁJAROS
DESCENDER

RECORDAR
DROGAS
MAESTRO
GRADO
AZÚCAR
CANARIO
DESARROLLAR
LAVAR
AULA
GIRASOL

Puzzle 12

```
F Z N Y W E Ó Q R F Z O E A G
T M O L L I T R A M A V S C S
S E I W D N R N Q L D U P U O
U T S U T E N E R B O X E S C
M N C I D N Ó I S E R P C A I
A A C D S E R O M P E R T N A
S S H D N I D D Q Y M C Á P L
H E I Q K T S A Z O Ú Q C U E
Z R C R O N Q T E G N J U L S
Y E O R H A Y S H X P R L G E
N T S L Y M Q E V T Q M O A A
H N E X T I N T O X H Q B D H
B I S O N T E V T G O Z X A N
P U N E L F F C O N E J O S I
```

MARTILLO   PULGADAS
SUMA   PRESIÓN
SACUDIÓ   ESPECTÁCULO
MANTIENEN   ESTADO
CHICOS   SOCIALES
ROMPER   RED
TENER   ACUSAN
EXTINTO   BISONTE
TESIS   CONEJO
INTERESANTE   NÚMERO

Puzzle 13

```
M K B L V X P C I U O H I I C
T S U X A T N E M R O T N M O
E W Q H S F T A C I R C V P M
F U Q R O T U A N A E O O O P
B A B W X B Y T N Í B R L R R
R J M N K U E S R R R O U T O
L U N A R R P Q E A O N C A M
J E Y J N O W N R H S A R C I
F A V O R A B L E P B Q A I S
A M J T V S M I W I A Q D Ó O
G N E N E I T B H E X Q O N A
F V A L K R M W O D A T A J P
C U C H I L L O D R E C O O O
P E R Í M E T R O A Q H X G K
```

FAVORABLE
CUCHILLO
ABSORBER
PIEDRA
ATADO
VASO
COMPROMISO
INVOLUCRADO
HARÍA
TRANSPORTE

CERDO
LUNAR
IMPORTACIÓN
CORONA
TORMENTA
AUTOR
PERÍMETRO
INTERNO
TIENE
HOJA

Puzzle 14

```
P A A N R E I P A S O G I M A
E R L A U T C A E V A C Í O Z
L L O Q D O Z T E N E R G Í A
B Z R V L U N E C O N O M Í A
A O E B O E U E S P E R A C Q
P P H I I C G P A N J C O I B
L T E R Z R A N I M R E T E D
U O T O L I P C K C T F N L R
C U G U G H Q D I B U A E O M
N M O M E N T O D Ó G T L Y D
C A L C E T Í N L Z N A A Y R
P L W V A B Z Q Y X R L T Y O
D E S C U B R I M I E N T O P
P A R T I C I P A N T E W S D
```

ACTUAL
DETERMINAR
FATAL
CIELO
VACÍO
PARTICIPANTE
ENERGÍA
CULPABLE
PORQUE
PIERNA

AMIGOS
ESPERA
TALENTO
DESCUBRIMIENTO
PROVOCACIÓN
CALCETÍN
PILOTO
MOMENTO
NUTRIENTES
ECONOMÍA

Puzzle 15

```
B  I  C  I  C  L  E  T  A  H  A  A  E  T  J
T  T  F  J  S  N  S  Q  A  Q  H  S  F  I  R
E  R  E  I  U  Q  Z  Z  Q  R  R  E  B  R  E
U  I  S  U  R  T  I  D  O  A  O  U  H  A  L
Q  Á  G  T  G  M  H  U  S  Q  Q  A  Z  D  I
O  N  C  A  R  N  E  A  S  M  C  T  H  O  G
L  G  C  C  E  J  C  N  I  E  J  A  I  V  I
B  U  N  O  G  E  N  E  R  A  C  I  Ó  N  O
X  L  A  I  L  I  M  A  F  T  O  T  O  K  S
F  O  E  Q  H  I  G  Y  U  L  Z  S  F  T  O
   B  A  J  O  P  N  N  T  A  B  R  E  I  H
C  Y  W  B  Q  I  E  A  O  F  X  W  U  H  D
H  O  N  O  R  A  B  L  E  M  E  N  T  E  W
O  C  C  I  D  E  N  T  A  L  O  C  A  E  R
```

TRIÁNGULO	OCCIDENTAL
COLINA	BLOQUE
VIAJE	FAMILIA
FALTA	RELIGIOSO
HACER	TIRADO
HONORABLEMENTE	BICICLETA
BAJO	GENERACIÓN
QUIERE	CARNE
CAER	HIERBA
CASARSE	SURTIDO

Puzzle 16

```
C F Ú L T I M O H P I S O H O
O O B E B U N J E A R V Y W S
N R A X R G O N R E D O M E C
C M E U A R V V R B J G P A I
E A S W B K O I A D Q U T Í L
N L C I O D Y R M I M J X G A
T M U I R K E T I Z R E T O C
R E C V P E P R E E J E R L I
A N H S A E X O N I C C S O Ó
D T A D E S X R T P B D K I N
O E D Q S A T S A H O X L B M
Z S O N B K U O N E G R I T A
N U E S T R O A L T U R A R C
W U Y S A G R A D A B L E A Q
```

NUESTRO
BIOLOGÍA
HERRAMIENTA
HASTA
AGRADABLE
FORMALMENTE
ÚLTIMO
MISERIA
PISO
NEGRITA

CONCENTRADO
OSCILACIÓN
VASTO
MODERNO
NUBE
ALTURA
ERROR
ESCUCHADO
PROBAR
JUGO

Puzzle 17

```
F  J  N  F  O  R  A  I  D  U  T  S  E  N  I
K  X  X  T  A  A  M  G  L  K  X  W  V  A  O
C  S  F  T  S  Z  B  L  Z  N  R  O  A  D  R
K  E  N  M  E  N  I  E  C  Z  N  A  A  R  E
K  O  E  A  U  A  C  S  E  I  K  D  X  E  T
M  Ñ  I  R  G  C  I  I  S  H  E  I  G  U  L
A  A  U  I  R  L  Ó  A  Z  R  S  D  R  C  O
O  K  Q  P  U  A  N  P  E  A  T  R  A  E  S
S  M  H  O  B  G  O  H  A  S  G  É  T  R  I
Z  E  T  S  M  Y  O  V  M  T  U  P  I  K  K
J  W  N  A  A  D  E  J  A  R  I  T  S  K  B
M  F  O  U  H  C  A  Q  O  Á  F  O  S  N  Y
I  N  D  E  P  E  N  D  I  E  N  T  E  W  O
H  E  L  A  D  A  S  P  A  R  E  C  E  N  D
```

QUIEN
PÉRDIDA
PATIO
PARECEN
SOLTERO
HELADAS
HAMBURGUESA
INDEPENDIENTE
MARIPOSA
RECUERDA

IGLESIA
AÑO
HEREDADO
DEJAR
ESTUDIAR
GRATIS
ALCANZAR
MONTAR
SOFÁ
AMBICIÓN

Puzzle 18

```
F Q A X A X I O O L O S O H B
C Y Z E E Q X R E R F C O O W
O C U P A R T U N A I H G M B
P P N H E N M U Y F Z N E B W
A R Ó K E T Q V Í F T E P R O
E C I D N Í D C D W D R F E R
V F N N V Y E L B I G E L E D
A A U P C P B I F M P I S B I
L N E K S I D T R Í O U A P N
C T R E U V P Ú S G X Q D U A
C A A D U W G A G A F Á R J R
L S G M Z S R Q L W B K C A I
G M O P E R S O N A J E Z N O
O A H P R E S I D E N T E E Z
```

REUNIÓN   PERSONAJE
DENTRO   HOGAR
OCUPAR   MUY
ELEGIBLE   CLAVE
ÍNDICE   RÍO
RÁFAGA   FANTASMA
QUIEREN   PRINCIPAL
ÚTIL   ORDINARIO
PRESIDENTE   SOLO
HOMBRE   ESPECÍFICO

Puzzle 19

```
V E S O Ñ A H O M B R E S B A
N N U E J E C U T I V O E E D
U V C T T B L Y P R I G E L E
V I E X D O R P U G L O Z L S
S A D W A L U G N J O A M O L
E R E Q D L H M T B B R K T I
O X R Y I I U C I E X P P A Z
P B P S L S O O A R I M U S A
O S K R A A F N G J M O Z T M
K A S R E P V F U L O C R K I
T A A O R S R I D Y V V R D E
L Ñ R Z B K O A O W E S E T N
A U M E N T O D Z Q U K V N T
M E Z C L A L O E E N J A W O
```

HOMBRES	COMPRA
PASILLO	AÑOS
EXPRESO	SUCEDER
PUNTIAGUDO	MEZCLA
REALIDAD	AUMENTO
ELEGIR	ASUMIR
CONFIADO	NUEVO
BELLOTAS	DESLIZAMIENTO
ENVIAR	MUSARAÑA
EJECUTIVO	JOVEN

Puzzle 20

```
I  N  V  E  N  T  A  R  S  F  E  K  R  L  H
E  X  I  S  T  E  Y  L  E  O  U  R  E  C  A
I  Y  D  B  V  Q  C  U  P  G  G  E  C  O  B
A  S  U  S  T  A  D  O  A  J  P  N  I  N  I
W  L  F  C  U  C  S  V  R  N  E  T  B  S  L
L  G  Z  F  N  I  Q  N  A  O  T  M  I  T  I
E  L  E  C  C  I  Ó  N  R  D  V  E  E  R  D
C  E  V  I  D  E  N  C  I  A  I  R  N  U  A
A  T  Ó  Q  G  B  V  S  M  L  S  C  D  I  D
V  N  R  O  X  K  C  O  R  G  I  A  O  R  K
I  R  C  C  C  U  D  J  Q  E  B  D  S  E  J
D  E  J  S  L  E  E  F  S  R  L  O  V  V  L
A  O  E  P  G  E  N  T  E  R  E  C  A  F  É
D  T  A  M  E  J  A  V  L  A  S  P  Y  H  U
```

GENTE
ELECCIÓN
DISCULPA
RECIBIENDO
CAVIDAD
VISIBLES
EXISTE
HABILIDAD
ARREGLADO
SEPARAR

CAFÉ
ROCK
CONSTRUIR
FUE
ASUSTADO
INVENTAR
MERCADO
POSICIÓN
SALVAJE
EVIDENCIA

Puzzle 21

```
B Q H Q R M G W A K E F P I C
Q F R C X F E T Q A M U I Q A
V J C F O G O N H Q P R F Q D
K I O I A Z A T E K E I W L E
B P A N A S F V L O Z O N K N
Ó E A S U E L T A N A S Á M A
I R M A R I N A S I R O P F F
Z J B F K V X N O L A Z I L S
O S O I C I L E D U T A L H S
U K S F T W D T I C I L U Q M
I I P L I A Q C P S D E T U G
D E R E C H O T S A E D K I Z
P O R C I Ó N K E M Z Q B É D
H I S T O R I A D E N M J N Z
```

CADENA
PORCIÓN
MARINAS
HISTORIA
DERECHO
QUIÉN
GANAR
TAZA
EMPEZAR
SUELTA

MENEO
LAZO
DELICIOSO
ÓRBITA
FURIOSO
EDITAR
MÁS
MASCULINO
DESPIDO
TULIPÁN

Puzzle 22

```
R A C I R B A F L O S C I P E
A E R G N A S D T M A T U R F
M A P Z C E X E R I L A V W C
A L V E F U L N N X T M M I A
L U R K N E P H C Á Ó H R I I
A C E C U T B D Z M U U X C C
C Í J Q G R I R O D E N E T N
E L S P L I E N R L L O C O A
E E O D O T É M A I C D C X T
S P Q S S U X G C M A D I Ó S
T F Q R A C Z C I V E U S S U
U H C W R S R Y D C V N O B S
F B Y T I I V Q N Y I D T K O
A H S Q O D A C I L E D J E J
```

ADIÓS	CALAMAR
SANGRE	INDICAR
SUSTANCIA	GLOSARIO
ESTUFA	LOCO
DISCUTIR	MÁXIMO
SALTÓ	MÉTODO
ESQUELETO	CIRUELA
DELICADO	FABRICAR
REPENTINAMENTE	FRUTA
TENEDOR	PELÍCULA

Puzzle 23

```
M A N I V E R S A R I O V F G
D A T O N R R G R S E T N A L
A X R E D N O C S E U N Z K A
D H D T O Z I H C E H E Y D K
W H C N E M O U B S O B Ñ C I
B J T E M S A S C O D V J O Q
R A D I O M S O I P D D T T P
E H M L R E D P G B X Q E E U
S Z Y C T D R A D U D E R R E
D X F N O T U N I M D J R Y N
O L E G A S O L I N A Q I R T
N I D E Z C U T J Z Y I B J E
D I N T E R C E P T A R L M O
K V A L K Q T O W L A Y E D N
```

GASOLINA   DIENTES
RADIO   INTERCEPTAR
MINUTO   POSEE
MARTES   ANIVERSARIO
OTRO   ESCONDER
DUDE   ANTES
HECHIZO   NOTA
SUEÑO   CLIENTE
RETO   PUENTE
TERRIBLE   SOPA

Puzzle 24

```
H A Q V X D M Z S N O Z P C J
I Y Z R R A I V E J E I E O I
E G S O T Q D N N N K M R N R
R E V L O V N E O E L O T T A
R T N A R N T W T Y L J U A F
O L P C T L S R I U A A R C A
K Y C U A G A O M L M D B T S
D H U G E P O N Z C A A A O A
T S B C T T X F O N D G R L T
D E T A L L E U D I A N Y I N
R I D G Z R J G A S C T L S U
A V C N K Y P A N F A P C T J
M E N T E P E Y E M E Q O O J
V J Z P G F X T V G O E D C X
```

PARTE
FUGA
OPCIONAL
LLAMADA
VENADO
LISTO
INCLUYEN
JUNTAS
TEATRO
MENTE

ENVOLVER
DETALLE
CONTACTO
CUYO
MOJADA
CALOR
JIRAFAS
MITONES
PERTURBAR
HIERRO

Puzzle 25

```
W L F D P H Q R E M D I J I G
F A M O S O I R Z J I A H T M
G R A D U A L E W M X S L B R
C A L C U L A R L O Z A I C G
P R E G U N T A R O G L A Ó E
O O C P N O P C D L N U E P N
F T O Q W R B S R E N M T E Ó
E C L R W E X O C U A R H F I
N U O U X I P M A B T Ó E M C
D D R Z J R O O P A K F C Q N
A N N O B S E R V A C I Ó N E
N O T I S Ó P O R P E W E Q T
B C R E S U L T A D O C I P A
A D M I N I S T R A C I Ó N F
```

ATENCIÓN
PREGUNTAR
OBSERVACIÓN
COLOR
MOSCA
CONDUCTOR
RESULTADO
ABUELO
OFENDAN
MISIÓN

RIERON
GRADUAL
ADMINISTRACIÓN
ALCE
ALGO
FÓRMULA
FAMOSO
HIELO
CALCULAR
PROPÓSITO

Puzzle 26

```
R  N  U  D  F  J  P  E  S  P  A  C  I  O  R
P  E  Z  H  C  U  A  S  I  R  P  H  E  L  E
A  V  S  O  C  O  R  T  C  I  V  O  A  R  S
T  R  U  I  F  T  Q  M  A  F  M  X  O  C  T
I  F  L  B  S  V  U  G  M  J  A  D  I  A  A
N  W  I  X  C  T  E  T  D  Y  N  O  T  B  U
A  O  Y  Z  J  I  I  O  Y  Ó  D  G  I  E  R
R  S  E  Q  U  Í  A  R  C  I  O  I  S  L  A
D  I  S  T  R  A  E  R  L  G  E  R  N  L  N
C  I  Z  Q  N  G  W  P  A  A  I  B  K  O  T
Y  A  T  S  W  C  M  J  T  L  C  A  L  N  E
A  G  U  J  A  U  R  X  O  L  E  P  A  P  Y
R  G  E  O  C  A  W  D  T  O  T  S  A  G  I
R  E  S  A  L  T  A  R  E  X  T  E  R  N  O
```

DISTRAER
SITIO
SEQUÍA
PAPEL
RESTAURANTE
GALLO
CÓNDOR
ESPACIO
GASTO
AGUJA

RESALTAR
EXTERNO
CABELLO
PRISA
CUMPLIDO
RESISTIR
ABRIGO
PATINAR
TOTAL
PARQUE

Puzzle 27

```
E V E R B S E N T A D O O N U
C O H C E L D C I N C O Ó O R
U L O G M U Y R Y N E L C J L
P T Y J C R H C K D L O Y G K
I I I H T G U M M I M G T E W
D O A N I M A L S P S O C I O
O S G U M C R E U B Q G I O H
R E N E T E R T N E X S D B H
N I F B P D A Q O E I E U A R
L E R T Z D M E E X P I P Y J
N Q S S O I D U T S E R D L Q
F M Z R A B T E M P R A N A S
B R A Z O I C I C R E J E E B
R E P A R A R F U N C I Ó N S
```

RIESGO
SENTADO
ANIMAL
BRAZO
TEMPRANAS
LECHO
COMPUTADORA
BREVE
VOLTIOS
SILLÓN

BAR
CINCO
SOCIO
EJERCICIO
CUPIDO
REPARAR
FUNCIÓN
ESTUDIOS
ENTRETENER
DUCHA

Puzzle 28

```
A O T F Q A D A E T A L P R A
S L O D K C Í I V T X M Q E C
I C K N T R N J L A I I B L U
G K I P O N R E D A U C G A E
N T G Y L I B E R T A D Ó C R
A C A Í R E T N A T S E G I D
R M P R E O C U P A R S E Ó O
D E S A R R O L L O X C L N O
R E U T I L I Z A B L E L T B
S Y D U L A S B Z R Q Q S K A
G H O C I T N É D I I E F U L
W I X E T N A T S E R T Q M C
F G N Y C E T X H R K D U V Ó
V P O R A M K X A P L A T O N
```

ACUERDO
LIBERTAD
ASIGNAR
SALUD
CUADERNO
TIRA
PREOCUPARSE
ESTANTERÍA
LLEGÓ
RELACIÓN

REUTILIZABLE
MAYORÍA
ESTANTE
PLATEADA
BALCÓN
PLATO
ARRESTO
DESARROLLO
IDÉNTICO
MENTAL

Puzzle 29

```
C U R T S Z S J U E Z W W G Y
S E O U S O D A E L O S H O Y
H I E T N I E V F K C Q X L P
Y F J O O D A R D A U C H P R
T Q L F E D E R A L L L E R R
E O R A U N I T N O C S V A O
C A L F O M B R A S C E O R D
R O N D A E I L U O Y L J M A
G Q A O Q D S A S J Q A B H N
Q Z Z N F R E C T N E M A X E
T R U C O E N J A O S I F D R
H H T J Z V Q Z M P N N K B T
P E T I R R O J O S E A Q K N
H R A C I F I T N E D I P K E
```

PETIRROJOS	EXAMEN
GOLPEAR	IDENTIFICAR
FALSO	CONTINUAR
FEDERAL	RONDA
ESCAPE	ESPONJOSO
TRUCO	COLONOS
VEINTE	ANIMALES
ENTRENADOR	ALFOMBRA
SOLEADO	JUEZ
VERDE	CUADRADO

Puzzle 30

```
B V O A C P A R T I C I P A R
G C L J U Q U E M A D O K S C
Z E Y E M E X P E D I C I Ó N
T R L B B A C E P T A N T F A
A B Z A R A U T C A R E T N I
V E U N E A J R A Z N A L N B
E I F U R S T E T F O W N O
N L H C V B E G R A D U A D O
T A U E H U L F K X N K V H D
U J P L Q P F O D U L C E S O
R U O A Z H H X Q H D V C I C
E F H E G L O G E U J J E Y E
R C F G V N E R T S E R R E T
O I R A T N E M O C U S Z Q O
```

AVENTURERO
DOCE
CUMBRE
TELA
DULCES
QUEMADO
GRADUADO
JUEGO
EXPEDICIÓN
COMENTARIO

ACEPTAN
INTERACTUAR
BLOQUES
LANZAR
TERRESTRE
PARTICIPAR
CUNA
CHAQUETA
LIEBRE
ABEJA

Puzzle 31

```
C U A R T O F J M C U H Ó E A
S É P T I M A T Z B C R T O T
P U L G A D A Q R A R N S J R
U B P O O O Q U D J A P U U A
F G F C S L J E V T O E G G N
I N V I T A R S S A R R M A S
D T V T C I V N L L D M O N P
B D U Í X B O U Q F E I S D A
Y V X R A C M F E I N T T O R
O F I C I N A Y E L A I R Z E
P Í L D O R A W G E D R Ó G N
E N R E D A D O B R O A H V T
P E N S A M I E N T O O V V E
Y H E X P E R I M E N T O Y S
```

JUGANDO	OFICINA
CRÍTICO	TRANSPARENTES
SÉPTIMA	ENREDADO
PENSAMIENTO	MOSTRÓ
PÍLDORA	EXPERIMENTO
ALFILER	INVITAR
GUSTÓ	PULGADA
CONSTANTE	PERMITIR
ORDENADO	UVAS
BRUJA	CUARTO

Puzzle 32

```
M  H  D  W  N  D  G  O  R  U  U  W  D  L  D
É  V  A  N  E  G  X  A  O  T  N  A  C  C  O
D  I  G  Z  R  G  T  C  G  Y  I  L  O  H  L
I  E  R  E  A  U  E  A  E  J  R  I  V  U  O
C  N  A  N  R  Ñ  O  C  I  T  S  Á  L  P  R
O  T  C  F  I  P  A  E  S  Y  E  X  E  Z  I
K  O  S  T  T  A  L  E  G  R  E  I  W  F  D
O  I  P  A  N  T  A  L  O  N  E  S  S  R  O
D  R  A  L  U  C  R  I  C  R  S  Q  R  X  M
P  E  I  D  I  B  U  J  A  R  N  J  J  A  Y
Q  D  Z  L  O  P  E  R  A  C  I  Ó  N  R  D
U  O  K  A  L  J  O  G  V  G  I  T  D  V  N
P  P  O  J  O  A  J  E  R  D  A  M  O  C  M
S  E  L  E  C  C  I  O  N  A  R  M  M  T  R
```

ORILLA	CIRCULAR
SELECCIONAR	DIBUJAR
TIRAR	COMADREJA
UNIRSE	CACAO
PODER	PLÁSTICO
OPERACIÓN	ALEGRE
HAZAÑA	VIENTO
MÉDICO	CANTO
DOLORIDO	CARGA
PANTALONES	DISFRUTAR

Puzzle 33

```
D R T N S A T A Q U E Z B G V
Q E L R C U G O V C X Y A K N
Z N B A P Z F F D T U T G N V
T D P R T Q M R O T X E T Q Í
G I P A E I R E I U Q L A U C
R M Z P I P D L R R A D A N T
A I J S E D G O O P E L L A I
N E X I X Z N F T I O U F Q M
J N H D W N E G A M I C E O A
A T Z O R R O K E F G N O P F
C O I Q X J L I L U B C X O I
P R O C E D E R A R L V Y G R
V U E R U P C I O N A R F A A
G I R A R E C E N A M A F Z T
```

LATIDO
ATAQUE
DISPARAR
IMAGEN
RENDIMIENTO
AMANECER
ZORRO
TEXTO
ELLA
POCO

ERUPCIONAR
PROCEDER
TARIFA
NADAR
VÍCTIMA
ALEATORIO
GRANJA
GIRAR
SUFRIR
CUALQUIER

Puzzle 34

```
D  P  M  A  T  I  S  I  V  Y  W  I  S  M  R
I  I  E  T  R  E  S  N  I  R  X  H  O  W  P
C  O  F  R  O  L  F  I  L  O  C  H  X  D  A
O  C  I  E  F  B  O  T  R  O  S  W  O  D  R
C  U  N  U  R  E  E  X  P  E  R  T  O  A  A
I  P  C  P  G  E  C  F  I  V  S  I  Ñ  L  T
N  A  L  J  R  P  N  T  R  E  N  A  C  L  N
A  D  U  M  A  L  K  C  O  A  P  Í  A  I  E
R  O  S  T  C  O  W  N  I  M  T  H  H  S  T
Y  I  O  P  I  G  L  E  O  A  N  A  Q  A  N
O  J  O  R  O  S  B  C  I  I  A  B  O  D  I
S  J  T  N  S  N  A  A  E  I  R  N  J  N  F
B  M  P  H  A  D  H  N  I  P  P  V  P  I  X
R  E  R  R  S  Y  C  F  T  M  R  R  G  L  F
```

OCUPADO	GOLPE
GRACIOSAS	VISITA
INCLUSO	IDO
INTENTAR	OTROS
LINDAS	OJO
ACOMPAÑAR	BAHÍA
PERFECTO	COLIFLOR
EXPERTO	PUERTA
COCINAR	SILLA
DIFERENCIA	INSERTE

Puzzle 35

```
U  G  E  Z  D  A  D  E  I  R  A  V  X  E  E
F  O  M  L  F  R  V  X  W  D  B  S  R  X  T
S  Y  P  D  C  M  W  T  O  A  J  E  O  P  N
N  C  U  D  T  M  H  R  J  T  G  R  D  L  A
H  D  J  Y  R  Y  L  A  G  A  Z  D  A  O  N
A  I  A  Q  P  X  H  Ñ  L  Y  S  A  R  R  I
M  G  R  J  M  U  Z  O  R  R  A  P  R  A  M
Y  U  U  K  U  V  P  S  E  L  T  W  O  R  O
S  E  R  A  L  I  M  I  S  X  L  I  B  É  D
T  L  C  E  N  O  T  C  E  Y  O  R  P  W  Y
C  O  R  T  E  T  O  O  D  A  L  B  U  N  T
F  K  T  M  W  D  A  C  R  U  Z  A  D  A  D
C  A  B  A  L  L  O  R  I  T  S  I  S  A  F
Z  D  B  S  E  G  U  R  I  D  A  D  O  J  R
```

BORRADOR	NUBLADO
PADRES	DÉBIL
VARIEDAD	CABALLO
EMPUJAR	SEGURIDAD
CRUZADA	ASISTIR
CORTE	PROYECTO
BOXEO	REGALO
EXTRAÑOS	EXPLORAR
SIMILARES	AGUANTAR
ARROZ	DOMINANTE

Puzzle 36

```
O D C R I B I C E R A A C B E
S E G U R O J I L G C B O O E
Z Y I F P Z R E V N C A R L E
F N K B A U X N O A I L R Í J
C O X N A B A C T T Ó A I G G
J G J T F L R I S T N N E R A
J A B Ó N L O A U O Q Z N A B
Z L C V Y T Y N G V L A T F L
M É U L C P A L C G Z D E O G
Z I I H A Y M S Q E L B A M A
C C D T M C M K F L S T P D O
Z R A W I B L U S A Q T J W O
C U D F Ó T E S O R O R O L B
B M O O N S O B R E V I V I R
```

AMABLE
ABALANZA
CUIDADO
CAMIÓN
SOBREVIVIR
JABÓN
GUSTO
RECIBIR
ACCIÓN
BOLÍGRAFO

CIENCIA
MURCIÉLAGO
TESORO
CORRIENTE
BLUSA
SEGURO
SOLDADO
MAYOR
ZANJA
BALONCESTO

Puzzle 37

```
L W O K H U M A N O E J C F G
L A Z A F R Á N Y T O V E J A
A K G L N H O R N O C I S Á B
N E Y O R A R E D I S N O C J
U F Z Y H L M D Y R R D L Q X
R F Ó Z B L P N G O I K O W W
A W F S A B N E W T S X R R N
S G K U F W O C X I I A T I O
P J T D V O J S A M B S S R S
F C W O K Y R A M R L D E C U
A E Q S R Z K O R O E S C O R
E J E M P L O Q C D O M N V E
N A C I O N A L D R A Q A X Ñ
C A R A M E L O G S T P C Z O
```

DORMITORIO
EJEMPLO
NACIONAL
OYEN
RISIBLE
ANCESTRO
OVEJA
AZAFRÁN
GROSERO
FÓSFORO

HUMANO
DOS
CONSIDERAR
ORO
SUREÑO
CARAMELO
BÁSICO
LLANURAS
ACTUALMENTE
ASCENDER

Puzzle 38

```
P H M X D E L G A D O I P M A
F E S A L U D A B L E Y U A E
K P S O D A L I C Í F I D G A
A O O O S F I N A L S S V D O
T L T G J Y D R O O N É I A Z
L A A A O G M Q L K K R X L V
E G D M I A V E Z M O E K E U
T L F Ó N T D X V U O T Q N E
I N O T C O O U G I T N A A L
S Ó W S M X Y N T Z I I E V E
M B T E T R E I N T A E X D N
O R E L A C I O N A R S E T A
I A I C N A T S I D N O O K H
B C A X S H D X T Q Y Q S O J
```

DATOS
MONEDA
MAGDALENA
TREINTA
ESTÓMAGO
GALOPE
PESO
RELACIONARSE
LADOS
DELGADO

CARBÓN
MODELO
SALUDABLE
ANTIGUO
ATLETISMO
FINAL
INTERÉS
DISTANCIA
VUELEN
DIFÍCIL

Puzzle 39

```
S Q L A D A N P L Á T A N O G
B O N M B F V H P R V M Ó E R
H R B O N Y D R I Ú F E I S A
Á F I R Y F O T I B Á H C T N
M W W L F B R I K I V M A A I
S L I R L E M A R R Ó N C B Z
T F K E V A D X X A X H U A O
E U M E S W N C W C D Q D F T
R A R D S L X T F R O H E R T
S Z I N H L A N E H B S A I Q
O O R E J N A R T X E P E J X
O D F U A T E L C I C O T O M
E K J D B J V O S O I V U L L
P V O L U N T A R I O C N W M
```

MARRÓN
PROBLEMAS
KIWI
EDUCACIÓN
DUENDE
EXTRANJERO
VOLUNTARIO
HÁBITO
NADA
HÁMSTER

ESTABA
FRIJOL
BRILLANTE
CARIBÚ
AMOR
GRANIZO
PLÁTANO
MOTOCICLETA
LLUVIOSO
REVERTIR

Puzzle 40

```
E S C R I B I R J R I M H C L
S X K D X W S R I F R R B X I
R X F F K G L A T E S H B D C
A C I R D E S C R I B I R A E
R S S I T D D I V S L W I D N
I O Y S H O E D U T B M H E C
T C E A B J G E H M O I E M I
E I C A K I O D J M H N R R A
R E N E B Z P L O X E F M E Z
K D I O Q A M C T B Z X A F E
J A L T Y T E B E D S C N N B
L D E J W S I F A P J Y O E A
C I T A S I T U A C I Ó N L C
C A R A C T E R Í S T I C A T
```

CARACTERÍSTICA
MOMIA
HERMANO
LINCE
SITUACIÓN
ENFERMEDAD
DEDICAR
RICA
CABEZA
NABO

DESCRIBIR
TIEMPO
CITA
ESCRIBIR
RETIRARSE
SECO
SETA
SOCIEDAD
DEBE
LICENCIA

Puzzle 41

```
C F P M N P K O B S A U C O V
O R X I M O N G Q C T V U F E
L O Y W Z C D G R T F A I Y R
O N Z O A O Q E I W M C D U D
R T G D C S C E B E E A A O A
I E V A A R A Y D E X V D S D
D R W L L A O I D N O W O O E
A A O S P R O T E G E R S T R
R Á P I D A M E N T E L A S O
Y A H A A L N N I Ñ A S M I P
L V J V S C H L T R E S E M O
L J L X U E R D N Ó I C N A C
L E I K O D I Ñ U R G Q T V B
S C O M I T É A B C P C E F R
```

SELVA	NIÑAS
VACA	TRES
RÁPIDAMENTE	AMISTOSO
GRUÑIDO	AISLADO
CUIDADOSAMENTE	COMITÉ
POCOS	CERCA
FRONTERA	COLORIDA
DECLARAR	PROTEGER
VERDADERO	PLACA
MEDIO	CANCIÓN

Puzzle 42

```
M A N T E N E R Q X Q K Z O N
X D P H H Z M A T G P L H E U
H O C K E Y E D I F I C I O E
D H E L B I T S E M O C S L V
N Z C U A U R M N I R Y C L A
R G W Y R R A L O T S I P O H
C O M P A S I Ó N V W H S P A
V Q S Z K N I S U B I R O Z L
A M B I E N T A L B R J R F L
D L X U X I C U A Y U A H O O
D E S T R U I R R N G E B Y C
N Ó I C A V I T O M Z T N S M
F A V O R I T O M Q Ú N V A L
C A P I T A L W F F G G D H V
```

EDIFICIO
OLLA
MORAL
COMESTIBLE
SUBIR
GARZA
DESTRUIR
PISTOLA
POLLO
HOCKEY

COMPASIÓN
BUENA
MOTIVACIÓN
FÚTBOL
ARTE
MANTENER
NUEVA
AMBIENTAL
CAPITAL
FAVORITO

Puzzle 43

```
P A G D L Q M B G J O R D A O
V O N G N N T I A Q U U T R H
N D P B H Ó R E G E W W B O C
T O N U W I T N L L O M P D N
X M R M L C M V J Y E N O N A
O Ó X J B A E E V I J E L A R
D C C P S L R N M D A G Í L E
N E V S E U L I D H N O T P T
A T J B D G I D E Z I C I S E
L D S A G E B A C B T I C E T
B E A N N R R O I P A O O R R
A N B Y Q D O D R B P B V Z V
H S E I D I O T U L O S B A K
U O R O T O Ñ O P S G M L C G
```

PATINAJE
POPULAR
SABER
LIBRO
NEGOCIO
DEJANDO
MIEMBRO
ABSOLUTO
ANCHO
BIENVENIDA

TETERA
DECIR
HABLANDO
OTOÑO
REGULACIÓN
RESPLANDOR
DENSO
APIO
POLÍTICO
CÓMODO

Puzzle 44

```
T E N T R E N A M I E N T O Q
F R V A Q U E R O M I V S U I
Y L A E L E V I N A S F R B N
S C U B C E V F C M T E A I T
H R A F A H Y I G Á F R N X R
U E N X T J M L N F M G I O A
L I M P I O A G C Y U I G O N
D R I T R T X D J N I I A R S
S I N O A L I P O V I V M D F
É L Á V G A Z S N R N N I E E
E X S E R O L F E R B M O N R
X Y I H A F R J N S W H Q A I
B O A T M B W S E C E V D R R
G A F N O H H O V M L E I E V
```

MAMÁ
FAISÁN
TRABAJADOR
VECES
VIVO
IMAGINAR
ORDENAR
VENENO
ENTRENAMIENTO
VAQUERO

ÉXITO
NINGUNO
NOMBRE
NIVEL
LEAL
ALTO
FLORES
MARGARITA
TRANSFERIR
LIMPIO

Puzzle 45

```
C P L R K P C O N O C I D O B
Á Y B Q T R A Z I N A G R O O
S T O X L O B S I É B A X R L
C D B K I D Q P I X C R W A S
A N V X T U D J D R B H T L A
R S E L I C Í F I D N L X C C
A T L Z E T N O R E C O N I R
S Y C B X O Y Ñ K I U K S A A
S E N T I D O A I B F X S L S
S A N G R A R B V Y M E X E E
P D P B I N K I Q M I P H T R
F A C I L I D A D P L F Y A G
R X E S R A C I N U M O C Q E
X Z A Q S Á N D W I C H Z O R
```

VIDAS
PRODUCTO
BAÑO
BOLSA
ORGANIZAR
CONOCIDO
SANGRAR
DIFÍCILES
REGRESAR
RINOCERONTE

PIES
SONRISA
ALETA
COMUNICARSE
CÁSCARA
CLARO
FACILIDAD
SÁNDWICH
BÉISBOL
SENTIDO

Puzzle 46

```
S U P U E S T O W G P J D S V
B W D E M O S T R A R E W I F
E L É C T R I C O X Y D T D J
P E R M A N E C E R L A B S F
S J X I W P T W T B M X V A U
E U Q O F N E D O I O U T L E
N Q O D N U M I N L C Y J I R
T J P A C Q R A D A V I R P Z
A M N T R A S E R P R O S U A
D C I N N E P I C N Í R P P Z
A E R E I U Q E R C A N T X D
M O C S A N D Í A M K A Q G Y
Z S Y A I T Q D O D A N A G F
E M S H M R I T Q U E R Í A U
```

FUERZA
SANDÍA
DEMOSTRAR
SENTADA
REQUIERE
GANADO
ELÉCTRICO
ENFOQUE
ESCENARIO
VITAMINAS

SORPRESA
ASENTADO
PUPILA
PERMANECER
TOMAR
QUERÍA
PRIVADA
PRÍNCIPE
MUNDO
SUPUESTO

Puzzle 47

```
P E C Q C Z B L I M P I A P A
I U R O T I R C S E V C A L L
L W C C M N C A R T E R O A R
D B H B O U P O E F F Y M N E
S A P O M T N M B E E E A O D
O C I M R É T I S W L R C I E
E L B O N O J X D B B E E S D
Y J V K L V G Ó O A O L R E O
Y H N I X P K R G T D A C F R
N W Z W D G P P M O P J A O A
P M W U C Ó C O S G R A R R K
E S C R I T O R I O E R S P X
C O M P A R A R N E T S E C R
R E C R E A T I V O Z E U N G
```

NOBLE
TÉRMICO
PRÓXIMO
DOBLE
ACERCARSE
RECREATIVO
ALREDEDOR
RELAJARSE
COMUNIDAD
PROFESIONAL

PROBLEMA
ESCRITOR
GOTA
COMPARAR
ESCRITORIO
CARTERO
SAPO
NUEZ
OLVIDÓ
LIMPIA

Puzzle 48

```
C A M P A N I L L A S D H W L
N T R I M E S T R E U U N E Q
A W L X O O M G B Z A L J R V
R O T S O C F H U U V C H T E
A T C M P W M R B C E E N B N
N N I H R G I L I N C J Y C E
J E T N E M L A I C E P S E O
A I J H U N D T F P F K E Q B
T M G D C M T Z R C Z R Q L O
R A L S I Y D A D I S E C E N
U T I T K M F N F Y N B Q T I
Q A I V P V J A S Q T E J C C
F R R X M R X R W A P D O Ó E
Z T A P L A Z A R E L F N C V
```

OCHENTA
ADMITIR
SUAVE
RANA
NECESIDAD
COSTO
CÓCTEL
ISLA
VECINO
CUERPO

DEBER
NARANJA
ESPECIALMENTE
APLAZAR
VEN
TRINEO
CAMPANILLA
TRATAMIENTO
DULCE
TRIMESTRE

Puzzle 49

```
J L S N V C H T Z R A Y E R M
E A O I G E L I V I R P M G B
N D S H E C O M Ú N L I G L V
O R A G U T R O T O D E I M E
J A V R K W E T A G M Q F L W
A R V E F F Y S N W V E B Q P
D P B C Z W E E N S J A H A Y
O E L O M B C D I H I P A P Á
I J V G G T R O Ó R B E L E C
A X B E U E P M A J E R A P A
R B L R R S E V M Z F I I X R
R E P E T I C I Ó N A L P F P
P X R U T X K O N W G U I H A
H V H L Y F R J W T C I N T A
```

TORTUGA
MIEDO
COMÚN
PAPÁ
VARIABLE
CINTA
PRIVILEGIO
PLAN
CELEBRÓ
VASOS

MODESTO
RECOGER
LADRAR
REPETICIÓN
PAREJA
SIETE
AYER
FELIZ
ENOJADO
CARPA

Puzzle 50

```
C U P B Z O M N S L C D U C T
A Y G R O S I V A E R I U O E
B F A P Á L A M V T Í R H N L
A Y R A V C S K J N T E E F E
L W E T O G T I N E I C C E V
L N V R Z J A I L I C T H R I
E É A Ó N T C I C L A O O E S
R I M N E W I H S A O R V N I
O B I J Q N T G N V D O I C Ó
K M R Z J P Í N Y F A J S I N
Y A P L S A L L E R T S E A V
T T V I R R O C T P S C R D L
C U Q B D R P K S D A K G Z G
R E A L I Z A R Q K G Z A M V
```

VALIENTE
AGRESIVO
CONFERENCIA
AVISO
REALIZAR
CRÍTICA
PRÁCTICA
GASTADO
BOLSILLO
DIRECTOR

TELEVISIÓN
TAMBIÉN
CABALLERO
MAL
ESTRELLAS
PRIMAVERA
TARJETA
POLÍTICA
HECHO
PATRÓN

Puzzle 51

```
Y N A R E L I U Q L A W J Q A
X P Q M T G R I S E S R P O A
L H W R A D N E M O C E R S V
E E Q I B O Z Q R N S A Q R D
A F O U E R I D N A P X E U F
D Z L W D Y W H Ó S N W G C I
X T N L N Ó L L I M U H X O R
H I Ó A N A I D S C U P É D M
N F I M I Q Z B I G S O C O A
I H S C M F K X V W L T L Í O
P J I D Z N N Q I I K L E R L
V F R Í N V K O D I N E T E D
O Q P A K I P W C A P U O P Q
V X E L E F A N T E X S H Q P
```

CURSO	PERÍODO
MILLÓN	DÍA
PRISIÓN	OFICIAL
RECOMENDAR	GRISES
EXPANDIR	ELEFANTE
SUELTO	HOTEL
DIVISIÓN	CUPÉ
DEBATE	ALQUILER
CONFIANZA	DETENIDO
DISPARO	FIRMA

Puzzle 52

```
E M E R G E R Z A M R A X G D
A B I L F N C L F J M K W E O
M A C I G E L Y Z A B T Y L T
E D Z R W I Y U D R M G S A R
N I H R V V B O L L O S O T A
A I D A D I S O R E N E G I B
Z V R P C N A W R F P E C N A
A A B I U K M I B V I P Y A J
M T B N B E S C A L E R A S O
T A E T R E C N E V N O C T K
M M M U I C U C H A R A I K K
T B C R R S N G O S O G N A F
I O D A I V N E O Z R K L Y E
C R T S O V O U P E O R O I J
```

VIENE	CONVENCER
ESCALERAS	AMENAZA
MARAVILLA	TAMBOR
GENEROSIDAD	ARMA
GELATINA	EMERGER
CUBRIR	ENVIADO
PEOR	DAMA
BOLLOS	TIGRE
PINTURAS	FANGOSO
CUCHARA	TRABAJO

Puzzle 53

```
R A T C É N I D E J Y W W R N
A H Y G M H R O E S E D O Ó P
C N A D U J I W R X N P T T Ú
S Ó U R J H S C R E H O N R B
U I X A M E N O R X C D P E L
B C F Z L T I P O O N A L P I
M A M I Z V O H L N P T A S C
U M Y L U B Q E I I S I T E O
L R F A Y V M S D V Z C O D M
Z O S C Y T X A H G O X S J T
K F T O S Z U B P F P E M U C
Z N T L P E Q U E Ñ A O T Y J
G I C O M I D A B O B T F B M
I N T E R N A C I O N A L T B
```

BASE
DESPERTÓ
VINO
PLATOS
TIPO
INTERNACIONAL
PEQUEÑA
EXCITADO
MELOCOTÓN
IRIS

ACERO
LOCALIZAR
MENOR
ANUAL
COMIDA
INFORMACIÓN
DESEO
BUSCAR
PÚBLICO
NÉCTAR

Puzzle 54

```
V A P M Q A R R G P T O E T L
R A M A R A B O R A N I N E E
S T B E J V X A Q O H D G C G
J B D L M S C N M T W O A N A
U A A E M I O I C S E E Ñ O L
M L D O F U N C R E E L A L V
G V I I A E A S K R S I R O A
G E L B E U M I M B R M W G E
Q A A A K A I P U J E I O Í W
C P C A B R I D O R V N W A M
T R A D I C I O N A L A F R N
P O E D E C I D I R O R Z O R
Z Q U G E B B L S M V K T H H
Y B T L G A D D Z F U E R A R
```

CALIDAD
TECNOLOGÍA
FUERA
RESTO
PISCINA
ENGAÑAR
MONO
RAMA
LEGAL
ROBAR

MADERA
ABRIDOR
MUEBLE
TRADICIONAL
DECIDIR
VOLVERSE
SIN
CALIFICAR
ELIMINAR
ODIO

Puzzle 55

```
M I N U T O S R L M D A Y S R
B W Q A A E E A T R E L A V E
E O V R Q N L L F M U T N A C
B S F U E T Y E Y Y N C O M I
E Y O T T T D U M U O G M P E
R M S C O D I B P E D T É I N
G O Q U H J J A Y P N C N R T
S N L R K L C P P R M T A O E
D I Y T R A L L I R B H A E M
X K H S S U E N F E R M O L I
J O A E E X H I B I R S S I C
C A C H O R R O T N C Y A J P
N A V E G A R A Z A D A P A J
I N T E N C I Ó N S E R Á N Z
```

SOSTENER
ALERTA
SACAPUNTAS
EXHIBIR
MINUTOS
SERÁN
ABUELA
BEBER
PASO
RECIENTE

BRILLAR
ESTRUCTURA
CACHORRO
ELEMENTAL
NAVEGAR
AZADA
ENFERMO
VAMPIRO
ANÉMONA
INTENCIÓN

Puzzle 56

```
I  A  V  R  Y  S  C  U  E  S  T  I  Ó  N  C
N  W  G  O  T  N  E  I  M  I  T  N  E  S  U
S  V  Z  H  R  A  T  N  E  S  E  R  P  K  A
T  Z  R  D  T  A  V  S  T  C  C  Y  E  M  R
I  C  O  M  B  I  N  A  R  Ó  T  Y  E  E  E
T  M  I  X  H  J  H  C  M  K  B  R  A  R  N
U  B  R  N  Y  L  R  A  T  S  U  J  A  S  T
C  D  E  O  J  L  A  N  A  C  I  R  E  M  A
I  O  T  N  O  R  P  I  B  T  O  M  T  I  V
Ó  L  N  A  Y  R  A  P  A  R  T  A  S  Y  E
N  Y  A  Z  S  Z  O  S  C  Q  M  L  E  Y  U
Z  M  R  S  O  T  N  E  I  M  I  C  E  R  C
E  N  C  O  N  T  R  Ó  X  J  I  D  C  Z  I
E  C  U  L  T  U  R  A  L  E  S  Q  G  B  X
```

ATRAPAR	PRESENTAR
CRECIMIENTO	PRONTO
SENTÓ	CULTURALES
AJUSTAR	ESTE
AMERICANA	ANTERIOR
ESPINACAS	SAL
COMBINAR	SENTIMIENTO
MISMA	INSTITUCIÓN
ENCONTRÓ	CUEVA
CUARENTA	CUESTIÓN

Puzzle 57

```
O  C  I  T  R  Á  R  E  A  L  M  E  N  T  E
C  A  L  C  U  L  A  D  O  R  A  L  U  A  J
I  R  A  E  M  O  R  B  J  H  H  S  W  X  E
T  O  E  M  O  T  O  R  C  U  L  P  A  N  C
C  T  R  C  S  P  S  W  D  C  A  U  I  V  O
Á  T  A  W  O  Z  O  W  I  E  L  C  O  E  D
R  A  E  R  C  G  Z  J  R  N  C  Y  P  S  O
P  L  E  B  E  U  I  L  E  T  A  R  T  T  R
B  K  K  J  C  A  Z  Ó  C  A  N  J  N  I  N
X  Y  S  M  W  K  J  W  C  V  Z  B  A  D  I
H  N  J  I  Z  O  O  K  I  O  A  R  W  O  Z
E  S  C  U  C  H  A  R  Ó  S  D  N  V  D  C
Z  N  Ó  I  S  R  E  V  N  I  O  Y  O  I  M
K  A  C  T  U  A  L  I  Z  A  C  I  Ó  N  R
```

ESCUCHAR
ALCANZADO
MOTOR
REALMENTE
PRÁCTICO
BROMEAR
CALCULADORA
TAREA
CREAR
INVERSIÓN

CINE
CODORNIZ
CENTAVOS
DIRECCIÓN
JAULA
ÁRTICO
VESTIDO
RECOGIÓ
ACTUALIZACIÓN
CULPA

Puzzle 58

```
A G W O Q D H B U S H F V Í R
P B Y Z M A F E O O L B E U P
Y R R E N O P T S R F I I Q F
Q V A A N L C N O P A H U S U
O K D C Z E U U R R M N H E E
C W E D R A T K E E I I S S G
I E M R J A D T N N L Ñ B Q O
F C O G D P R O A D I O A N N
Í C W B B O L N R I A D S O G
N A T A C I Ó N G D S A T Z I
G T P E G Z L L P O V D A E S
A Q S S O M B R E R O N N P M
M O T S E U P M I L U A T F J
P O L V O R I E N T A C E H R
```

NATACIÓN
FUEGO
POLVORIENTA
CANDADO
SOMBRERO
IMPUESTO
PUEBLO
ESQUÍ
PONER
MAGNÍFICO

TARDE
CORRECTO
DAR
ABRAZADO
NIÑO
BASTANTE
FAMILIAS
GRANERO
SORPRENDIDO
RETROCESO

Puzzle 59

```
A  P  I  S  B  S  A  T  V  O  A  C  P  Y  I
E  B  X  F  M  Ñ  G  Y  I  D  Í  O  R  I  T
R  S  X  F  A  R  W  M  O  A  F  N  O  X  Y
Y  K  G  T  F  A  E  B  Q  T  A  J  G  I  D
O  K  N  A  C  R  O  Y  E  S  R  U  R  Y  B
E  O  R  N  P  O  Z  O  B  E  G  N  A  Q  A
M  W  N  S  C  N  I  R  A  R  O  T  M  L  R
R  I  Z  I  S  G  N  C  R  P  T  O  A  O  R
K  M  U  O  D  I  U  J  A  P  R  S  R  B  I
V  Y  J  S  V  X  H  U  T  K  O  S  N  O  B
B  Y  R  O  F  P  A  R  O  S  A  C  S  E  A
I  N  F  E  R  I  O  R  V  A  C  I  A  D  O
P  A  L  A  B  R  A  A  K  W  C  O  N  I  J
R  E  I  N  A  N  I  C  I  D  E  M  L  A  I
```

PREMIO	BARATO
ESCASO	PRESTADO
BODA	MEDICINA
ANSIOSO	VACIADO
PALABRA	PAR
ARRIBA	LOBO
CONJUNTO	MONTAÑA
PROGRAMA	IGNORAR
ORTOGRAFÍA	INFERIOR
CAN	REINA

Puzzle 60

```
R G E D Y I H G G D N T G Z X
E M O C I O N A L R C J K B A
L T I D R I V R E H A G T M K
B E R E H N O M S I L C I C O
A M A S A T E L O I V R I F D
H B M E S E R G R H G P I A A
C L R S U R E E W Á L R G U S
E O A P B A S O L U D E U J U
S R W E I C O G N O I C A R D
E O T R D C L R Q F I I L I D
D S I A A I V A A C I S Ú M M
B O W D G Ó E F C A R I B A G
N P Z O C N R Í J B N Ó W C W
B U F A N D A A N M A N E X T
```

GEOGRAFÍA	RIMA
VIOLETAS	ARMARIO
IGUAL	USADO
EMOCIONAL	TEMBLOROSO
DESECHABLE	LÁGRIMA
INTERACCIÓN	BUFANDA
DESESPERADO	MÚSICA
RESOLVER	GRACIAS
HERVIR	PRECISIÓN
CICLISMO	SUBIDA

Puzzle 61

```
G O B I E R N O L L E U C N A
X R T T E M P O R A D A V I X
K T B X V W X Z Q J P I E I P
M R C E T N E I C I F U S B M
C O L J P W E T N E N O P O X
M D Q X K F K R B L U Z A O T
S A V I V R A S O R Y D L S F
L N L T O D I R R U B A D V O
E I Y O A K R I B R R C A D T
J M K R A E N R O H Y K N P I
O O T T O B O G Á N L A T A N
S N E L Í P T I C O R C E N P
E E F I E S T A S I M G X C P
X D J I J V S G M M Y X O V Y
```

MALO

TEMPORADA

FIESTAS

OPONENTE

ESPALDA

ELÍPTICO

VIVAS

TOBOGÁN

LEJOS

MIRANDO

ROSA

GOBIERNO

CUELLO

PIE

HORNEAR

ENTRADA

DENOMINADOR

AZUL

ABURRIDO

SUFICIENTE

Puzzle 62

```
B C X P R R O R R E T H V A W
T S G I Z D R O A I R T U N T
Q Q D O U Z A L Y Z O H Z Z W
Q E T N A L J A O V C N G W O
M U E V E S Á V Y E Í O H A D
C M T G I K P I M D O D F T I
O I N F H C A M P A Ñ A Z N M
S Á O N U P O R T Á T I L U U
T Q C F M G W H A G E J M G C
O W R A I C N E I R E P X E H
S E X Y L S J L C Q W N Q R O
O O O E D P S A U G A R A P S
S A L L E T O B S M U Ñ E C A
W D E M O C R Á T I C O J M F
```

TERROR   PREGUNTA
ÁNGEL   ROCÍO
SUCIA   DEMOCRÁTICO
HUMILDE   NUTRIA
PARAGUAS   VALOR
MUCHOS   EXPERIENCIA
CAMPAÑA   MUÑECA
PORTÁTIL   PÁJARO
MEDIR   COSTOSO
BOTELLAS   MENUDO

Puzzle 63

```
P  R  E  O  C  U  P  A  C  I  Ó  N  R  M  V
G  G  B  R  X  P  R  C  N  O  T  Ó  E  I  E
D  V  L  A  X  B  O  Z  I  K  E  I  C  S  R
N  Q  V  T  U  M  S  G  D  S  J  C  U  E  E
S  A  N  A  M  R  E  H  O  A  Ó  C  P  R  D
Q  D  C  R  E  K  F  R  M  Ñ  N  E  E  A  I
C  P  U  T  O  T  O  E  C  A  O  L  R  B  C
M  Q  R  A  Q  S  R  C  V  T  D  O  A  L  T
T  E  E  M  O  C  P  R  H  S  C  C  C  E  O
V  Q  F  R  A  T  N  E  L  A  C  A  I  F  H
Z  E  O  U  V  I  O  T  M  C  B  E  Ó  D  C
E  M  P  R  E  O  C  U  P  A  D  O  N  R  U
A  L  Á  M  P  A  R  A  U  A  H  Z  K  T  M
W  L  K  Y  E  N  F  E  R  M  E  R  A  T  R
```

TERCER	VERTER
HERMANAS	NIDO
PREOCUPACIÓN	AMOROSO
LÁMPARA	VEREDICTO
RECUPERACIÓN	MUCHO
PROFESOR	PREOCUPADO
TEJÓN	TRATAR
ENFERMERA	CALENTAR
CASTAÑAS	COLECCIÓN
CREMA	MISERABLE

Puzzle 64

```
S  S  E  P  V  J  Y  K  Q  E  T  G  F  M  R
C  G  A  C  N  A  L  B  F  X  K  U  C  U  E
V  L  I  B  R  F  N  V  H  T  P  I  P  L  P
O  S  Z  O  I  J  K  L  Q  E  E  S  T  T  E
O  X  B  L  P  D  L  B  J  N  D  A  R  I  N
C  R  E  C  I  Ó  U  F  I  D  O  N  U  P  T
R  A  C  I  L  P  A  R  T  E  J  T  O  L  I
A  N  W  C  T  D  B  W  Í  R  N  E  F  I  N
B  Ú  F  A  L  O  M  S  S  A  C  S  P  C  O
D  E  C  I  S  I  Ó  N  L  V  Z  C  R  A  N
A  C  C  I  D  E  N  T  E  Z  Z  L  O  C  Z
G  U  S  A  N  O  H  B  R  T  I  I  P  I  L
F  Z  A  F  O  U  R  T  S  N  O  M  I  Ó  G
N  V  G  P  R  E  C  I  O  S  O  A  O  N  D
```

MONSTRUO
CRECIÓ
BÚFALO
GUSANO
DECISIÓN
REPENTINO
BLANCA
MULTIPLICACIÓN
PRECIOSO
CICLO

PALO
ACCIDENTE
SABIDURÍA
APLICAR
CIEN
PROPIO
CLIMA
BARCO
GUISANTES
EXTENDER

Puzzle 65

```
C H C A I R O M E M Q S I S R
O K V Y O R E T P Ó C I L E H
R S L W E W N O G J S L H Q H
T B X G R E G D I A H E Q T G
I D U T I T C A Y T M N N Y T
N Y W P N N R S R Í S C R U V
A G R C E A E A O L O I E S L
S E O O V D S P D Q D O L O A
S R R C E N I C A Z A S O E I
A S Í I R U D O R B E O J Z C
T J N E P B E U E I L B T W N
S B W N H A N I M K P A Q P E
I Z Y T N C T F U A M K D W S
L X T E L I E O N O E D L G E
```

RELOJ
ESENCIAL
SERPIENTE
RESIDENTE
SILENCIOSO
PREVENIR
LISTA
CORTINAS
ASÍ
CAZA

EMPLEADOS
NUMERADOR
PASADO
HELICÓPTERO
MÍO
ABUNDANTE
COCIENTE
LUNES
MEMORIA
ACTITUD

Puzzle 66

```
T V M Y F D E J H R V E N E M
A D E L A N T E U P I S C S I
R I Q W U Ó N M N A P P O C S
D V A J E E K O D R A E N U T
A V T W C L N U E P T R F E E
D I G E R I R Z O I G A I L R
I C V Q B F U R E S O D N A I
V H X S G W R A Y G L O A H O
I N Ó I C A R O L F K A R V S
T T M H D C N R L I Q V D T Z
C U O R A R E P S E S A K O U
A Y A W K Q G L P R I M E R A
V U C O C H E W D N V L Z S X
G V I D A R I T R A P M O C V
```

COCHE

ESPERADO

ESPERAR

VIDA

ACTIVIDAD

CONFINAR

HUNDE

MISTERIOS

DIGERIR

COMPARTIR

FLORACIÓN

GUARDARROPA

LADO

CELDA

PAN

LEÓN

SER

ESCUELA

PRIMERA

ADELANTE

Puzzle 67

```
F  V  I  E  R  N  E  S  E  E  B  V  B  Z  X
R  O  F  U  O  J  B  Z  Q  S  U  I  L  Z  K
A  E  T  F  S  J  R  U  B  N  R  O  K  D  E
G  N  S  O  I  R  A  V  C  L  R  L  O  K  O
E  S  Q  P  G  S  T  K  P  E  O  E  I  Y  X
R  I  K  R  O  R  L  F  X  V  O  N  O  D  P
F  C  A  X  T  N  A  P  B  E  M  C  S  J  G
Y  E  N  D  O  V  S  F  L  I  O  I  I  P  R
U  E  P  A  A  P  L  A  Í  N  M  A  M  R  O
E  S  T  Á  N  D  A  R  B  A  S  E  R  F  M
E  V  Z  J  O  D  A  V  E  L  L  I  E  U  P
P  A  R  T  I  C  U  L  A  R  E  N  P  O  I
S  A  V  F  L  A  T  R  A  C  T  I  V  O  Ó
D  E  C  E  P  C  I  O  N  A  D  O  M  N  K
```

PARTICULAR	FRESA
PERMISO	SALTAR
ROMPIÓ	LLEVADO
ESTÁNDAR	VIOLENCIA
ATRACTIVO	RESPONSABLE
NIEVE	FOTOGRAFÍA
CISNE	DECEPCIONADO
FREGAR	VARIOS
YENDO	BURRO
BUCEO	VIERNES

Puzzle 68

```
P N F P O P T R E M E N D O O
O Z P C O J E R G N A C G I D
D A L O D A A R A G M M C L A
R Y A L Í Y I E E X B N O J B
I C N G A H Y U C C E C R A A
D R T A R Z R X W L E M S D C
O A A R T T J D I E P R E L A
A B O G A D O S V X R F S R P
D O S E Ñ O R S I P Ó I E E O
D R Q I M G G L R O X E D C G
F P F T D R D H U R I B O Q E
E M Y I A A B P T T M R S O P
S O U F Y L B L A A O E A M L
Q C P O B R E S S R S Y E H L
```

SEÑOR
MERO
COLGAR
CANGREJO
ABOGADO
COMPROBAR
SEDOSA
EXPORTAR
TREMENDO
PERECER

VIRUTAS
PODRIDO
ACABADO
PRÓXIMOS
PLANTA
SILENCIO
LARGO
FIEBRE
TRAÍDO
POBRES

Puzzle 69

```
B  S  L  L  F  R  F  R  X  R  P  J  B  T  O
Q  O  Í  R  F  A  J  E  E  I  E  U  W  R  A
A  N  M  N  O  G  L  C  S  U  L  G  T  A  B
M  E  W  B  W  U  E  E  Q  B  I  U  L  S  R
M  M  E  X  E  L  N  D  H  I  G  E  E  T  E
O  J  H  G  B  R  T  R  A  R  R  T  C  O  V
V  B  G  A  I  É  O  A  W  T  O  Ó  H  R  I
Y  N  T  Y  C  V  C  T  G  S  S  N  U  N  A
Y  S  E  N  Ó  C  L  A  H  I  A  X  G  O  T
E  I  I  B  O  N  I  T  A  D  M  B  A  V  U
W  C  E  T  N  E  M  L  A  R  E  N  E  G  R
A  B  I  E  R  T  O  V  N  Q  N  I  V  N  A
Q  A  D  O  P  T  A  R  C  G  T  O  R  X  J
S  H  J  J  A  Z  H  O  I  R  E  T  S  I  M
```

ABIERTO	MENOS
BONITA	LECHUGA
HALCÓN	TRASTORNO
FRÍO	LUGAR
TÉCNICA	JUGUETÓN
ESTABLECER	BOMBERO
ADOPTAR	ABREVIATURA
DISTRIBUIR	MISTERIO
GENERALMENTE	UVA
PELIGROSAMENTE	ATARDECER

Puzzle 70

```
M J Z S M X G Z S É L G N I L
K E N P A J E L B I S I V N I
J J J H E J A U G N E L P B M
M K C O D A R P V O I N O D O
Y U L G R I C U D N O C T G N
L A X N C O N T E N E R I O A
S T H A R E Ñ A P M O C C I D
W N Z R I U G E S R E P R A A
D E S A P A R E C E N Y É N Q
N V E S P E R A N Z A U J T Z
T C E H S H D I G B J M E L B
O L V I D A R P E Q U E Ñ A S
W J P K O L O E Y R O N O K V
S C G S L B L O C É A N O D W
```

EJÉRCITO
CONDUCIR
INVISIBLE
RANGO
SIENTO
LIMONADA
DESAPARECEN
VENTA
MEJOR
OLVIDAR

CONTENER
ESPERANZA
PRADO
LUCHA
OCÉANO
PEQUEÑAS
COMPAÑERA
INGLÉS
PERSEGUIR
LENGUAJE

Puzzle 71

```
Y  I  B  L  Q  Q  O  S  R  Y  S  A  Z  J  N
C  K  T  R  T  Q  N  I  S  T  E  U  J  G  Z
D  E  C  A  H  G  B  Y  X  A  L  P  K  O  A
E  F  R  D  F  E  S  U  Y  O  L  F  H  M  I
F  T  Q  O  C  G  X  W  A  D  O  S  A  C  C
I  F  L  N  P  R  E  G  U  N  T  A  R  O  N
N  H  O  E  A  I  W  A  M  A  G  F  E  N  E
I  C  G  I  W  R  E  Í  R  M  L  Q  I  A  G
R  D  N  B  Z  V  L  K  S  O  Í  T  U  T  R
R  S  I  X  A  T  J  Q  T  T  L  D  Q  U  E
J  E  M  O  K  H  W  A  R  A  C  W  L  R  M
M  V  O  Y  I  A  D  N  Y  X  O  E  A  A  E
P  X  D  I  J  O  N  B  G  M  A  J  U  L  Y
P  F  M  T  R  E  N  K  U  I  X  W  C  U  L
```

DEFINIR	FLOTADOR
SUYO	REÍR
DOMINGO	TREN
SELLO	CASO
BIEN	CARA
PREGUNTARON	NATURAL
EMERGENCIA	CERO
TOMANDO	CUALQUIERA
TAXI	HACE
CONCEBIR	TÍO

Puzzle 72

```
Y L U Y J L I J E R E P U I J
T U W E Q J O Z I R E E Z T U
C E N T A V O N E I U G L A R
U W W O C L O R G I L E P Q A
K H Y L P F H B K I W U D I D
C O N C L U S I Ó N T R Y A O
I Z Y R M A B E K Y Y U D V I
N O R E L B A T S F Z A D I C
W A D A T R E F O D N C O O E
D A M C U J R K J A S O S L R
D H V E L L A C M T F V H U P
L X X D S U M I N I S T R O S
N B H G P E R A L M I K T K F
P R O C E D I M I E N T O F K
```

JURADO
LONGITUD
MANADA
OFERTA
TABLERO
SUMINISTROS
PELIGRO
PRECIO
PERA
MITAD

PROCEDIMIENTO
PEREJIL
CENTAVO
ERIZO
CONCLUSIÓN
VIO
HUMEDAD
CALLE
ALGUIEN
DECAER

Puzzle 73

```
S Q L F Z T M A A R E R R A C
O J A O V E G E T A L D E O W
B I V L O T N E T N O C M S A
R L A C P N P A R A A P Y U A
E I N L I E S Q E V O J O R M
S N D O E M H C I R Z X U T R
A C E R L L S Ó T B N T A L O
L I R E L A N A Q V P U F Q F
I D Í W Z N M S A A E P O K E
E E A V V I N V C H I J O S R
N N M S E F Y X R G V X J Z R
T T J N D E S T R U C C I Ó N
E E T Y X G L P S H K R S D L
F O R T N E C S L P T R E C G
```

LAVANDERÍA
REFORMA
AVIÓN
SOBRESALIENTE
DESTRUCCIÓN
CENTRO
PARA
PIEL
ROJO
CONTENTO

LANA
FOLCLORE
USO
COMPORTAMIENTO
FINALMENTE
HIJOS
CAPTURA
CARRERA
VEGETAL
INCIDENTE

Puzzle 74

```
I  T  D  W  A  D  E  D  S  A  S  N  E  R  P
O  C  N  A  B  T  A  R  E  E  Y  O  T  Z  Z
O  B  A  O  O  Q  Y  A  N  T  R  N  N  O  W
P  M  E  L  F  J  U  G  O  N  M  V  E  S  T
O  Á  N  D  M  J  D  Ó  I  E  I  J  I  X  F
R  R  Í  O  E  S  A  N  C  U  D  U  C  R  X
T  B  L  O  Z  C  T  B  C  C  I  T  A  V  U
U  O  P  A  K  P  E  R  E  E  E  Y  P  S  N
N  L  J  R  I  C  J  R  R  R  N  V  G  D  R
I  K  E  I  Y  K  F  R  I  F  D  L  L  E  O
D  F  O  R  M  A  D  O  D  Q  O  K  A  U  P
A  Í  B  A  S  P  R  E  S  E  R  V  A  R  A
D  I  N  G  R  E  D  I  E  N  T  E  P  T  T
M  E  D  I  C  I  Ó  N  B  X  E  Y  D  C  N
```

PRENSA
SABÍA
PACIENTE
LÍNEA
INGREDIENTE
DIRECCIONES
FRECUENTE
DRAGÓN
ROPA
OPORTUNIDAD

MIDIENDO
AYUDA
MEDICIÓN
BANCO
LOTE
OBEDECER
PRESERVAR
FORMADO
SERVIR
ÁRBOL

Puzzle 75

```
B N U A Q G R Á F I C O A O M
T C Y Z M X R A R I P S E R A
A Z E E O I O F B T R A E R N
R T U L D I P R G H A L T E U
E G B A A C T Z N L G L A B A
N X V R I K L J R S I I L O L
A N B U S C H I C O T L O M D
I G E T A Q R D V B S O C L U
T U Q A M G U I O Z A P O A R
R P B N E W E C M N C P H B A
K A K B D J Q N H F D O C I C
A N H M O R Z H O D A E O O I
P E R S O N A L I Z A D O G Ó
S O L I C I T U D M G M M F N
```

CASTIGAR
SOLICITUD
DURACIÓN
DEMASIADO
NATURALEZA
ARENA
DONDE
CHOCOLATE
MANUAL
PERSONALIZADO

LABIO
RESPIRAR
BERRO
INVADIR
POR
POLILLA
VIEJOS
CHICO
TRAER
GRÁFICO

Puzzle 76

```
I  B  L  O  D  R  A  P  O  E  L  N  H  Q  V
B  A  R  U  T  E  J  N  O  C  C  L  V  M  T
B  W  K  G  R  N  F  A  G  U  J  E  R  O  Y
M  Y  G  O  L  C  E  E  T  S  O  P  M  Q  S
C  O  N  S  E  J  O  G  N  Q  B  K  B  A  R
A  J  D  W  X  L  M  M  R  D  B  T  N  M  E
G  E  T  N  E  S  E  R  P  O  E  R  Z  A  S
R  L  T  I  J  E  R  A  S  M  E  R  U  C  E
E  P  C  T  A  T  I  U  Q  I  R  A  M  C  R
G  M  B  H  G  V  R  F  P  W  W  H  J  B  V
A  O  L  L  I  C  E  L  I  A  R  F  M  A  A
R  C  K  V  S  U  E  C  O  Z  F  Z  R  J  R
D  I  S  C  U  S  I  Ó  N  S  U  É  T  E  R
S  Q  W  Q  A  R  R  U  G  A  R  J  X  E  Y
```

FRAILECILLO	CAMA
LEOPARDO	SUÉTER
DEFENDER	POSTE
PRESENTE	CONJETURA
DISCUSIÓN	CONSEJO
SUECO	NEGRO
AGREGAR	TIJERAS
PIERNAS	AGUJERO
RESERVAR	COMPLEJO
MARIQUITA	ARRUGAR

Puzzle 77

```
V N N Y L E X L V X H E N W A
P Ó Ó F Í E S T B V D G R F N
C I I E D T Z P O S O A L I F
G C C U E N W L A C I P O R T
R P N O R E S P M R N A C F W
I O E T T M W P E I C P R A N
T P M C N E Y D T W L I A T C
Ó A Z A T L A E S L W P R V B
M R Q O R B T R I P A G A R O
Q A Y D O A N O S R E P C H U
B D H A E M I D E N T I D A D
P A L J V A P S S B R R K X U
P E R S O N A L M E N T E S H
T X B T F H Y O A B K Z W W B
```

PERSONA
OPCIÓN
LÍDER
SISTEMA
PARADA
MENCIÓN
TROPICAL
AMABLEMENTE
PAPA
PAVO

IDENTIDAD
PERSONALMENTE
ACTO
OSO
ALTA
ESPARCIR
GRITÓ
PAGAR
FILA
PICOTEAR

Puzzle 78

```
A O R R E M O C G D A K H K F
H D E E P P A C L L A M A D O
O X L C F V Z U L M V D W X R
R F H O O N Ó I C A T S E O U
A R Z L O P B D A Z T I P S D
U Í V E T O X A O V X A Y V A
B G H C U B L D H D V C H T M
R I A T T L U O T A R T E R N
F D R A I A E S O L L E U Q A
F A U R T C S O C I M Ó T A T
E S T O S I B S V A T R Á S H
J F N E U Ó D E L A N T A L L
G W I G S N C N R A C N Q T P
M Y P D E S C A N S A R D M S
```

COMER
DESCANSAR
POBLACIÓN
LLAMADO
ESTOS
CUIDADOSO
EDAD
RÍGIDA
ATRÁS
ESTACIÓN

PINTURA
RETRATO
VAPOR
AQUELLOS
RECOLECTAR
DELANTAL
ATÓMICO
AHORA
MADURO
SUSTITUTO

Puzzle 79

```
C U M P L E A Ñ O S O J I H L
S E R V I C I O D L M C Z D V
G E H T K C S S L C U E N C O
X T G Y Q O O I M E N T I R A
B N A S J N N N M O H P X R C
X E V Y X A A E T H K N M O P
F M R C U T B T J R Y B Y J R
S A U C E S M D U A I O F R A
Q M C U I E Á T N Ñ T B B A N
J I A B E U R P T E K W U V O
H T C A B P A X O S X V W I D
F L I G X S C I A N I X K R R
Q Ú T N T E D Q A E J H X P E
N H O D A R U S E R P A D P P
```

CURVA
COYOTE
ANILLO
ENSEÑAR
MENTIRA
PRUEBA
TENIS
SERVICIO
CONTRIBUIR
RESPUESTA

SAUCE
APRESURADO
PRIVAR
CUMPLEAÑOS
JUNTO
ÚLTIMAMENTE
CUENCO
PERDONAR
HIJO
CARÁMBANOS

Puzzle 80

```
T O D A V Í A S S C O N C R C
O Y U X G A A E O X Z R E A O
Y C Q E P C Q T B C I N E D N
A S E G U R A N R M E T S U F
M K Z H Z R P G E T C O P Y L
R E A C C I Ó N E Y O D O A I
T K M D D G W R J F P O N I C
A R G U M E N T A N U Q J M T
I N T E R R U M P I R E A U O
V K U C L W M N E L G U N G H
U S H R G O I T H F Q D C T G
L T K W Z K L H F U Z H I Z E
L F F N V C E E N T E R A C R
D N D U W L S Z I B A I L E Q
```

MAYO
GRUPO
FUENTE
CRIMEN
INTERRUMPIR
AYUDAR
RETENER
MILES
TODAVÍA
ENTERA

TODO
CON
SOBRE
CONFLICTO
ASEGURAN
BAILE
ESPONJA
ARGUMENTAN
REACCIÓN
LLUVIA

Puzzle 81

```
F O C B I B L I O T E C A M V
U T S O C O M E T A R O L F E
R P X D N O V Z R A T S E A N
G F T A N S T C T S W N V D T
O O Z S Í A E N G X V W G U A
N L U N F I E G K A O B E L J
E A V A L S T W U J T T Q T A
T V J C E O N P F I P O L O R
A Q J R D R E O Z V R Q D S U
R D P J S E R F C E N T R A L
H E Y H M J E P R O G R E S O
R Z T V Q A F A L G O D Ó N J
X J J B O D I U L C N I A D F
U H K F Q B D U T I T L A F I
```

VENTAJA	ALGODÓN
FLOR	COMETA
PROGRESO	ESTA
REPRESENTAR	DIFERENTE
DELFÍN	ADULTO
ALTITUD	CENTRAL
GATO	FURGONETA
INCLUIDO	ZOO
BIBLIOTECA	CONSEGUIR
OREJA	CANSADO

Puzzle 82

```
Q Q N Ó I X E N O C K Q W D K
C N H E R B O C C R E E R E J
A O E Y G N U N C A M T W S Y
F C M O D A Z E P M E R J P Q
I O C P K S T D E J A E R E U
L R A E L W P I R J N U D R S
A R N R I E E X V D E S X D A
D E G Z W N T G C O D A Z I R
O O U Y U B S A P D D O X C T
Q G R I R L A W M X K D T I N
B T O G J G G C W E Y M O A E
H A R I N A S L B T N R P R I
X B W J I T E U X T O T P T M
M I R A D A D B L L C M E W X
```

COBRE
CORREO
NEGATIVO
CONEXIÓN
AFILADO
CREER
SUERTE
CANGURO
MIRADA
CLUB

EMPEZADO
DESGASTE
RIZADO
LORO
COMPLETAMENTE
DESPERDICIAR
HARINA
MIENTRAS
NUNCA
DEJA

Puzzle 83

```
P  D  C  O  R  A  Z  O  N  E  S  U  O  C  I
N  L  J  W  R  R  Z  T  Ó  A  B  A  J  O  N
Ó  Y  A  C  F  R  D  R  I  C  A  R  R  O  E
I  M  G  A  F  O  S  O  G  L  L  F  N  T  I
C  Q  I  Y  E  G  C  C  E  G  P  T  N  C  N
A  S  S  I  S  O  A  Y  R  U  F  E  V  O  E
I  N  F  E  R  I  O  R  E  S  M  T  Q  N  S
C  P  Q  T  I  J  A  A  G  A  T  N  R  F  T
N  A  A  E  N  N  Z  J  N  R  U  E  O  U  A
U  Í  B  M  U  K  S  R  S  U  K  G  D  N  B
N  S  E  S  E  P  E  B  L  T  K  A  A  D  L
O  I  C  H  R  I  Y  H  L  L  N  G  L  I  E
R  J  L  R  T  K  O  J  O  U  L  E  O  R  L
P  I  O  P  I  N  I  Ó  N  C  D  Y  V  T  F
```

REUNIRSE
PRONUNCIACIÓN
CULTURA
CORTA
INFERIORES
PAÍS
OPINIÓN
CAYÓ
TIERNAMENTE
GORRA

INESTABLE
AGUA
AGENTE
CORAZONES
CONFUNDIR
SIGA
VOLADOR
ABAJO
CARRO
REGIÓN

Puzzle 84

```
R  R  J  N  R  X  J  O  S  N  A  G  B  G  F
E  D  R  O  B  T  K  B  F  E  L  W  W  J  Y
S  J  C  J  I  R  C  S  A  T  S  I  T  R  A
P  Ú  N  A  I  C  N  E  T  E  P  M  O  C  N
O  P  B  R  A  C  I  R  T  U  R  Ó  N  U  F
N  R  D  O  H  T  F  V  F  O  L  A  W  E  F
D  E  E  L  T  A  E  A  D  N  A  M  E  D  U
E  D  S  U  V  U  T  R  F  J  S  R  E  H  H
N  E  P  Z  N  R  A  H  I  K  U  I  S  A  C
L  C  L  S  A  I  C  N  A  N  A  G  B  D  O
K  I  A  S  A  E  K  Z  N  D  P  L  L  Z  N
W  R  Z  L  W  N  Í  U  E  B  A  E  O  V  T
I  I  A  D  Z  A  N  I  T  R  O  C  W  U  A
H  N  R  Z  M  M  O  L  E  S  T  A  R  K  R
```

DEMANDA	GANANCIAS
MAÍZ	MOLESTAR
CONTAR	TURÓN
DESPLAZAR	CORTINA
PAUSA	HABLAR
BORDE	PREDECIR
GANSO	LUZ
OBSERVAR	RESPONDEN
ARTISTAS	AUTOBÚS
FIN	COMPETENCIA

Puzzle 85

```
L  N  T  G  K  O  S  E  C  O  R  P  R  D  M
I  U  R  U  O  R  T  E  M  Ó  M  R  E  T  B
B  M  A  A  D  J  L  O  M  A  N  Z  A  N  A
É  E  T  R  A  J  L  E  C  N  I  P  B  R  N
L  R  A  D  J  P  J  V  R  H  N  H  A  Y  Ó
U  O  D  A  U  C  G  T  C  U  Ó  C  B  A  I
L  S  O  D  P  E  R  W  G  S  I  S  I  R  C
A  O  J  O  M  U  O  R  Z  F  C  R  F  Y  C
P  S  Y  P  E  T  L  A  I  S  A  E  K  X  U
K  N  U  M  P  M  B  D  W  O  S  Y  Z  E  D
J  U  V  A  Z  I  O  U  U  D  N  B  G  K  O
M  L  Q  C  U  M  Z  L  Q  J  E  V  L  G  R
S  I  E  M  P  R  E  A  S  W  S  O  O  E  P
V  G  H  I  P  E  R  S  E  C  U  C  I  Ó  N
```

PLOMO	MANZANA
TERMÓMETRO	SIEMPRE
CRISIS	TRATADO
SALUDAR	REY
PRODUCCIÓN	MODIFICAR
PINCEL	APTO
PERSECUCIÓN	CAMPO
GUARDADO	NUMEROSOS
LIBÉLULA	PROCESO
EMPUJADO	SENSACIÓN

Puzzle 86

```
T Q U H P V Q X E B U S F E A
I L U S T R A R M C P F R X Í
O R G U L L O S O V Y Q X W R
C A A O P G V A C E R C A D O
I J X R H A L O R T N O C X N
N E Y O I E S D N Z Ó A C G I
Á N S H T P Z E I D I V O S M
C A Q S Q O S D O L C P M W J
E M E L A N A N Z A U S E L G
M D U A A T S E I F L E R U W
V O C A B U L A R I O R C E L
P R E S T A R A A O S I I G U
A W E W E S F L N W X E O O X
W F E H C M G S W J X U W X H
```

ORGULLOSO

DIEZ

PASEO

FIESTA

SERIE

COMERCIO

PRESTAR

MECÁNICO

MINORÍA

CONTROL

CERCADO

VOCABULARIO

LUEGO

INSPIRAR

ILUSTRAR

MANEJAR

NARIZ

ESTELA

SOLUCIÓN

DEDO

Puzzle 87

```
P H C A B A Ñ A M I Q E F D F
Á O O O C I T Á M O T U A E A
J N Z S I G L O L N F A M P L
A A M R T P Q A A Ó J G I O D
R B O E E C Z T N I F N C R A
O Á N C M U S W O C P N É T V
S R I E A I F A S A C A D E U
V I T R D Q V S R T A X D S G
Q J O A W Q R M E I U S E R L
W U R P P N V U P V A B J Z E
I T C A C E R A T N E M I L A
M U S I C A L W V I L D S V F
Q Z O R G A N I Z A C I Ó N K
G U J S T I G B C A S G H A N
```

ORGANIZACIÓN
FALDA
DÉCIMA
PERSONAL
TEMA
DEPORTES
MUSICAL
CABAÑA
PÁJAROS
ESFUERZO

CASA
INVITACIÓN
DISTANTE
APARECER
AUTOMÁTICO
SIGLO
PADRE
RÁBANO
MONITOR
ALIMENTAR

Puzzle 88

```
S  C  O  M  P  L  E  T  O  C  K  C  Q  C  Z
I  E  F  A  M  U  R  S  P  O  G  A  L  J  S
M  N  M  X  A  R  A  M  Á  C  C  L  P  F  F
P  T  Z  V  Ñ  Y  O  E  O  C  H  I  R  M  A
L  E  O  A  A  H  N  Ó  I  T  S  E  G  U  P
E  N  D  R  N  T  Y  N  V  S  V  N  L  R  R
D  D  I  U  A  Í  B  A  H  E  R  T  B  A  E
H  E  X  T  N  Z  R  A  L  O  S  E  Q  L  N
A  R  D  C  H  T  B  A  L  T  M  X  N  T  D
H  U  R  A  C  Á  N  O  Y  C  E  W  L  O  A
X  Y  L  R  D  A  Í  V  N  A  R  T  N  O  Z
R  W  W  F  T  I  M  Y  G  P  E  Y  C  I  Y
C  U  E  R  V  O  N  W  D  M  Y  C  Z  V  F
Q  V  K  U  X  N  P  U  S  I  U  E  J  L  A
```

OLOR	UNIDAD
IMPACTO	CALIENTE
HABÍA	ENTENDER
FRACTURA	SOL
HURACÁN	CÁMARA
REVELAN	GESTIÓN
CUERVO	TRANVÍA
LAGO	COMPLETO
APRENDA	MURAL
MAÑANA	SIMPLE

Puzzle 89

```
S T P A Q S X C O Z D D G R T
T E Q W A B P D R X D E E E E
S O H T A T I B Á H F C N F L
A R G T R N H G U F N I E R E
S Í Y G E I L L U A W M R I S
I A F T O A R Z T V N A A G C
M G N T I L K E V O I L L E O
A O I N T F I P G R Ñ I B R P
C C E A C T O R J U O V O A I
A G O E N Á T N A T S N I D O
I N V E S T I G A C I Ó N O Y
Q M A U T O P I S T A V S R K
S O L I T A R I O V A L C X J
G R I T A R I R R E G U L A R
```

SOLITARIO
SUGERIR
CONTENIDO
FAVOR
TELESCOPIO
DECIMAL
TEORÍA
REFRIGERADOR
NIÑOS
AUTOPISTA

CAMISA
GRITAR
ACTOR
CLAVO
GENIAL
INSTANTÁNEO
INVESTIGACIÓN
IRREGULAR
HÁBITAT
GENERAL

Puzzle 90

```
V C O R B M O H G V I A R S C
L I V Ó M O T U A O N A L P H
A E S V N G N O V J V P O C D
D X I I N U E T R Y O P O O Z
V A D I Ó I I N E O L U T Í T
E M U A U N S E G R U S N T H
R I P T A E A M R E C Q E B Q
T N L Z J K A I N R J I A Q
E A I Z R O T G Y I A B M U I
N R C D E N O E S D R E I Q A
C H A B A Z A P A T O I P S J
I X R C L I L A H B G N O B C
A D I P Ú T S E W J M C C S O
C A P Í T U L O L G Q G N I J
```

DUPLICAR
PEGAMENTO
INVOLUCRAR
ASIENTO
ZAPATO
DINERO
ESTÚPIDA
PIMIENTO
EXAMINAR
HOMBRO

ADVERTENCIA
VISIÓN
LILA
COSA
AIRE
TÍTULO
CANTAR
CAPÍTULO
PLANO
AUTOMÓVIL

Puzzle 91

```
O L U C Í H E V L A N E C S E
R E K E C V V X A Ó K J C A P
U J T S Z V N M I D G S O C O
T E N T W B X S C R Y N S U L
U R N A R G E P E N P S A A V
F C K R T F D Q P N A E S N O
A E Z O N R D O S D D T R D H
O N T O C M I I E O U A I O Ú
Z B C H I L T R F D T M R V B
P E R E Z O S A P O F L E G O
F A R H I Q I R R I I I U L D
R A J S P Y I O X V A M Q H A
X K Q L Á U F H U Z X Ó E N Z
L X Y D L L L E G A R N R W M
```

HORARIO
EJERCEN
FUTURO
ESCENA
COSAS
BÚHO
LIMÓN
POLVO
ESPECIAL
LLEGAR

ROTA
GRAN
NATIVO
CONFESIÓN
REQUERIR
CESTA
LÁPIZ
VEHÍCULO
CUANDO
PEREZOSA

Puzzle 92

```
D N V L J K W E D Z G X B B Z
E G Q A Z C J T J A G U U O E
S Y A R L P G N E N K D H T S
I E G A A O H E W A S O U E A
E J S C T T R M A H É L S L C
R E T S I S X A I O B U T L I
T B L Á P I I T R R E I D A V
O H P M S V F C V I B Y H X I
Y E E A O T R A G A L T W O L
S V R J H X L X F Á C I L P I
W U J L E T N E M E R G E L A
E D D I V E R S I Ó N C G E T
C O M P R A R B A N I U Q S E
V D K P B L Y L O D N U G E S
```

DICE
HOSPITAL
BEBÉ
SEGUNDO
FÁCIL
ZANAHORIA
DESIERTO
COMPRAR
EXACTAMENTE
VISTO

DIVERSIÓN
VALORAR
TUBO
ESQUINA
CIVIL
MÁSCARA
LAGARTO
CLASE
ALEGREMENTE
BOTELLA

Puzzle 95

```
F E S A L T A M O N T E S F C
H I C O L I S I O N A R E W A
E U G P E R T E N E C E R Z L
E N R U L N V Z T S G A S Y L
N Ó C Ó R A N O I S E R P M I
C I S O N A R E V P D E H O U
A C I N N M U B P R R D U R Q
N I G I A T W K H E A N M B E
T D N P Y C R J X F B A O J T
A N I E B R H A S I O B C T N
D O F P X R C D R E C A K W A
O C I N D B W O A R B M O S M
R O C M S E N I T E C L A C G
M P A D E J R I U N I M S I D
```

HUMO
CONDICIÓN
DISMINUIR
SALTAMONTES
ENCONTRAR
BANDERA
PREFIEREN
COLISIONAR
FIGURA
SOMBRA

PEPINO
PERTENECER
ENCANTADOR
MANTEQUILLA
HURÓN
SIGNIFICA
CALCETINES
COBARDE
VERANO
IMPRESIONAR

Puzzle 96

```
D C O M B I N A C I Ó N B M A
O E D T O T N E I M I C A N R
Z N S Á M E D A J O X R I N O
O Y O P A V X R S D J U Ó E H
Y B J O U T P L G I Q I G N C
L W O Y H É I F D Á C L L T O
O H C E R T S E M A Z K O R N
Z Q Á R E I F C N J O S B E F
U C G L V V J I R S N U O L I
S E U H Q M L B I U A I D O A
C G I S N C P L A N T A S J B
M R L O N O F É L E T C L B L
T Z A I E S T R E L L A E A E
P R O P O R C I O N A R U I U
```

NACIMIENTO
ENTRE
OJOS
PLANTAS
ÁGUILA
INCLINACIÓN
ZONA
GLOBO
TELÉFONO
COMBINACIÓN

ADEMÁS
PROPORCIONAR
APOYO
CONFIABLE
DESPUÉS
VER
MÁQUINA
ESTRECHO
HORA
ESTRELLA

Puzzle 97

```
E H X O C I F Í T N E I C D H
X L Ú A B O R E D N E P E D A
T C A D A A N Y X U X F T H B
R W N U M X J S J T D E L F L
E A M E T E U O I Z J R Z W Ó
M J U X G I Z D Z G F O I Q C
A Q G B A H B N M X U Z F T O
D L E X I R E A H Z R I Q R M
A I R Q D N T N H D P J Ó A P
M B E O S O T I X E M Y U T R
E R N Y O C I M É D A C A A A
N A T A L A R A L L A F M N N
T S E I X L O C A R A C H D D
E P S A U N Q U E I T W Z O O
```

FEROZ
BAÚL
ACADÉMICO
AUNQUE
HABLÓ
QUEMAR
CARACOL
CAMINANDO
COMPRANDO
EXTREMADAMENTE

FALLAR
EXITOSO
DEPENDER
HABITUAL
TRATANDO
CADA
CONSIGUIÓ
CIENTÍFICO
GERENTE
LIBRAS

Puzzle 98

```
E A P G T G D Y P F A G O G J
I S O J A I E N Y K Q A T R V
M B T S E L O C R É I M L O A
Q O N R C A U S A L O A A S M
C U E K A M O L P I D A I E E
H F I E V T C A S I U P C L N
A U R Z S G E D K W N C R L T
M G B E Á S O G I M E N E A O
P B M J I S L G I F Y A M G D
Ú T A B T D I F H A T C O T N
S R H S P U T Z A K O I C S O
O I C J N O S N U P U Ó C S F
C A M I N O E H G C D N H E L
O R A C I Ó N C O R B A T A S
```

AMENTO
ORACIÓN
ESTRATEGIA
QUIZÁS
NACIÓN
GROSELLA
CORBATA
DIPLOMA
FONDO
CASI

CAMINO
ENEMIGOS
MIÉRCOLES
LEY
COMERCIAL
CHAMPÚ
NUDO
HAMBRIENTO
ESTILO
CAUSA

Puzzle 99

```
S O N I D O U Z H T S I D T Z
N G M N Z E P O H S U M U É U
L O C O Z T C W E A S P G R S
R P A Y C N N Y F R T O G M A
G O B F L E U Í U Q A R G I C
R S R H W M R Y E R N T P N U
E I A P U E H O L A T A O O D
G T G K Q T A N Q T I N C V I
I I C M Q N S R V O V T I I R
S V J F E E U H A H O E G C S
T A N L M I T Í M I D O Á A Y
R T N Ó I C I D U A Q V R M L
O H O G Z E H I N L O O T E M
L U C I É R N A G A H D T S V
```

VOTAR
TÉRMINO
SACUDIR
LUCIÉRNAGA
RECIENTEMENTE
IMPORTANTE
MES
TRÁGICO
CABRA
COMO

PEZ
POSITIVA
HORAS
SUSTANTIVO
AUDICIÓN
AQUÍ
SONIDO
TÍMIDO
REGISTRO
HOLA

Puzzle 100

```
S  X  S  C  A  N  T  I  D  A  D  Z  L  C  L
E  W  R  I  C  U  D  O  R  T  N  I  R  L  L
A  F  I  L  M  U  N  T  T  M  X  I  R  A  E
I  E  Y  P  C  P  A  X  G  O  B  F  E  R  N
R  U  D  F  T  T  L  E  G  I  K  R  V  A  A
A  Z  T  P  Z  Z  P  E  H  T  Y  F  I  M  R
T  O  M  A  R  O  N  O  M  V  R  M  S  E  D
E  D  M  T  C  V  R  T  A  E  O  S  I  N  W
R  I  I  T  U  P  M  I  Z  T  N  O  Ó  T  R
C  R  T  O  A  L  L  A  E  A  F  T  N  E  R
E  E  P  O  D  R  Í  A  V  I  M  C  E  O  G
S  U  O  I  D  E  M  O  R  P  N  E  D  R  O
N  Q  D  B  U  T  I  M  E  F  I  F  W  E  V
G  I  G  A  N  T  E  S  C  A  D  A  C  É  D
```

SIMPLEMENTE	ORDEN
CERVEZA	PROMEDIO
TOMARON	VOZ
REVISIÓN	DÉCADA
CLARAMENTE	INTRODUCIR
CANTIDAD	FIRME
GIGANTESCA	TOALLA
LLENAR	SECRETARIA
PROHIBIR	QUERIDO
AFECTO	PODRÍA

Puzzle 1

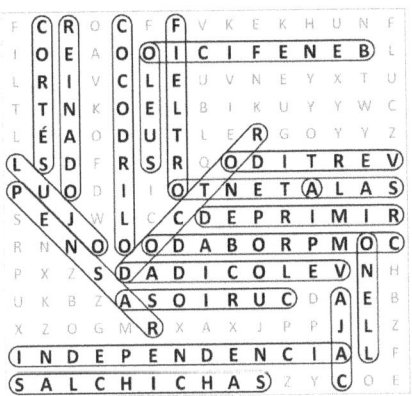

Puzzle 2

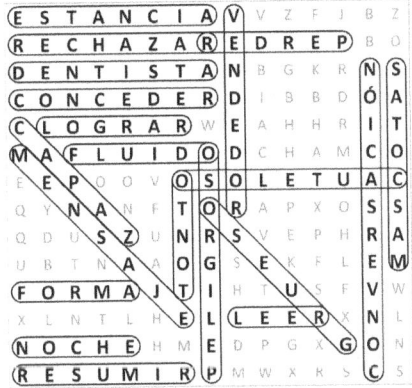

Puzzle 3

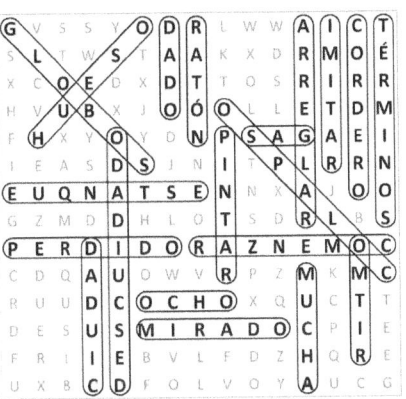

Puzzle 4

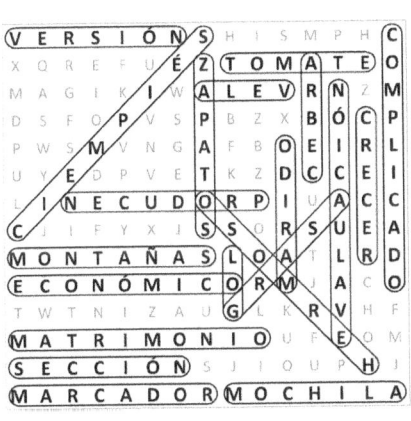

Puzzle 5

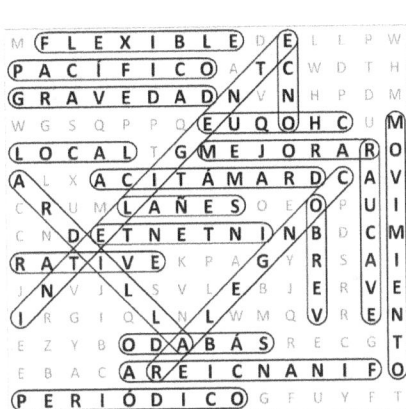

Puzzle 6

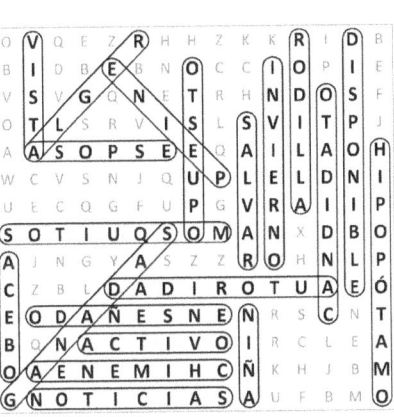

Puzzle 7

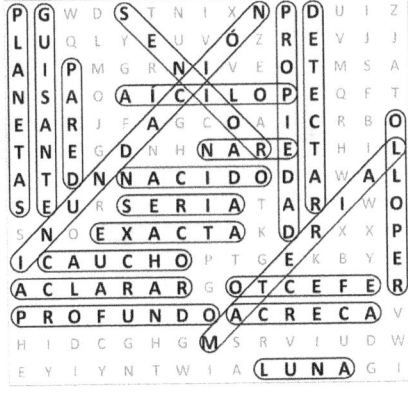

Puzzle 8

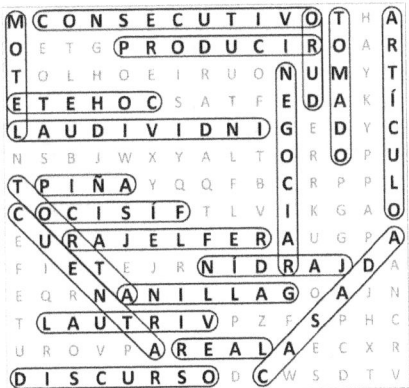

Puzzle 9

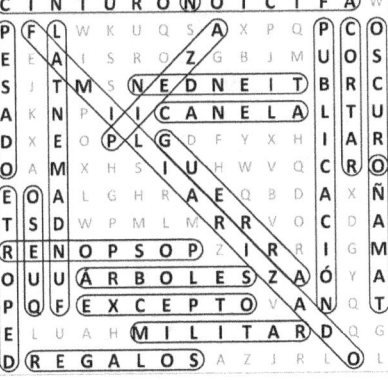

Puzzle 10

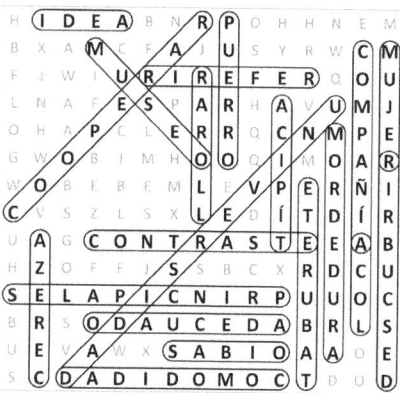

Puzzle 11

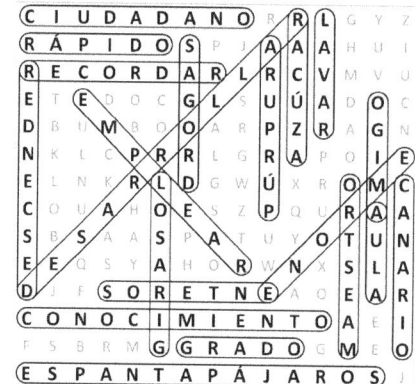

Puzzle 12

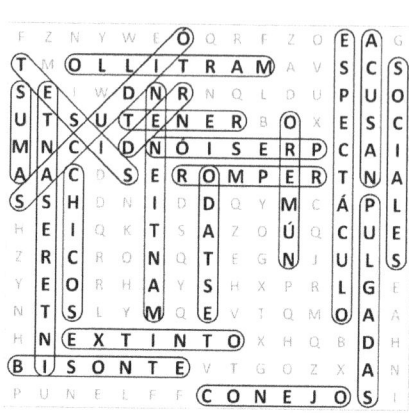

Puzzle 13

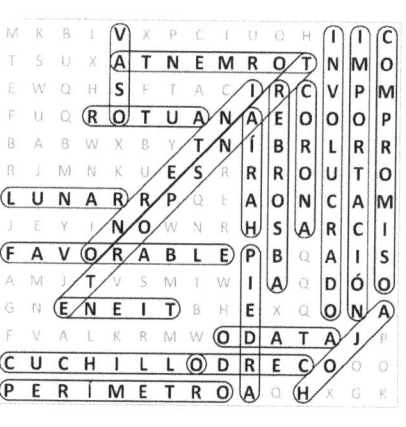

Puzzle 14

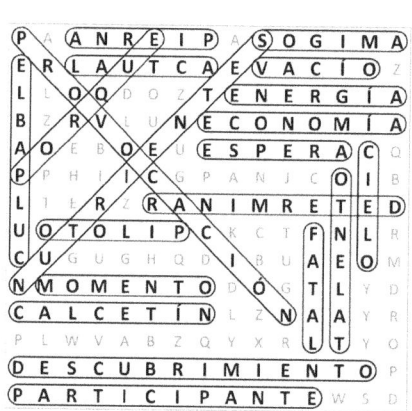

Puzzle 15

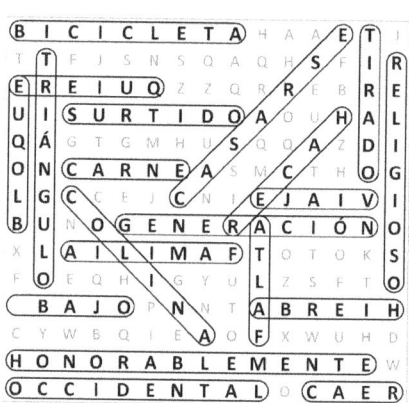

Puzzle 16

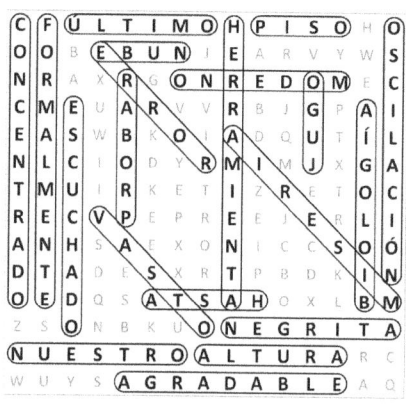

Puzzle 17

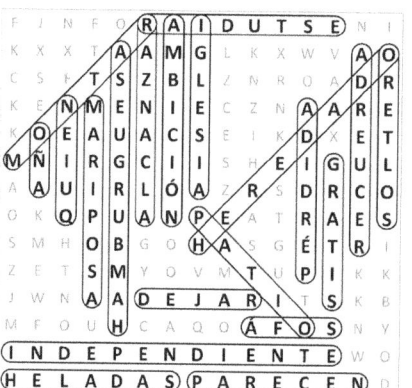

Puzzle 18

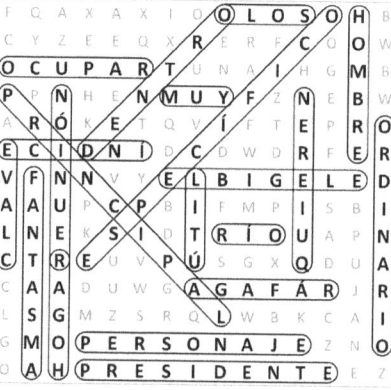

Puzzle 19

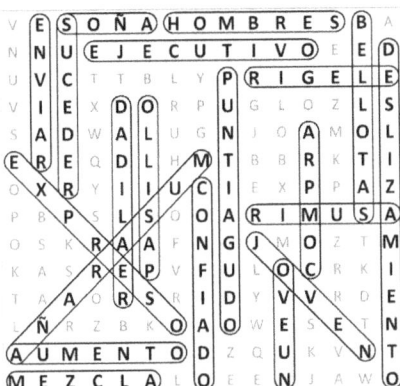

Puzzle 20

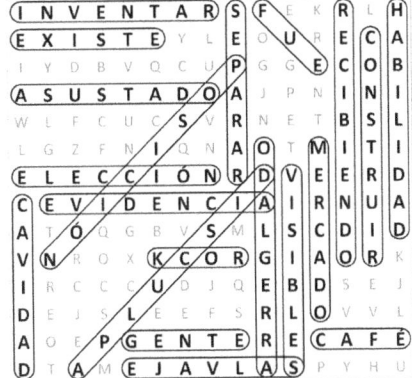

Puzzle 21

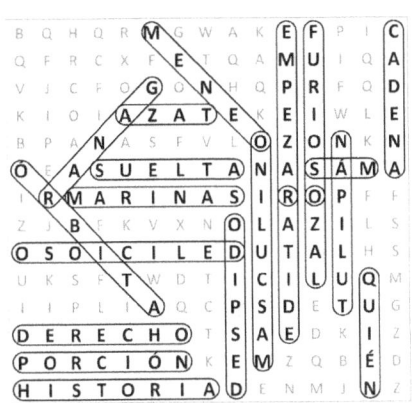

Puzzle 22

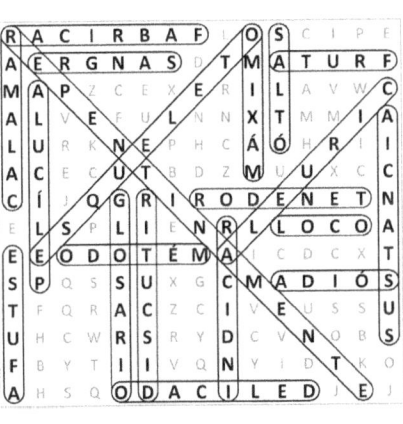

Puzzle 23

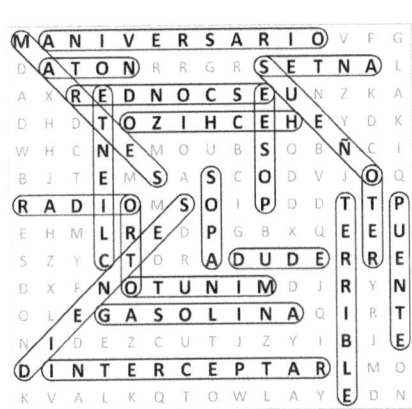

Puzzle 24

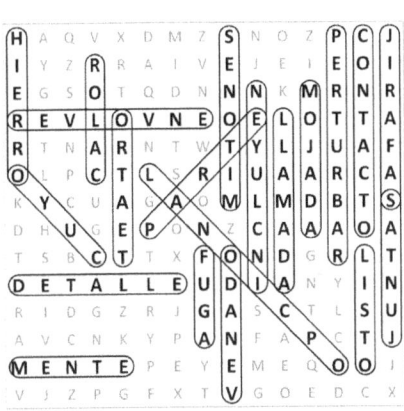

Puzzle 25

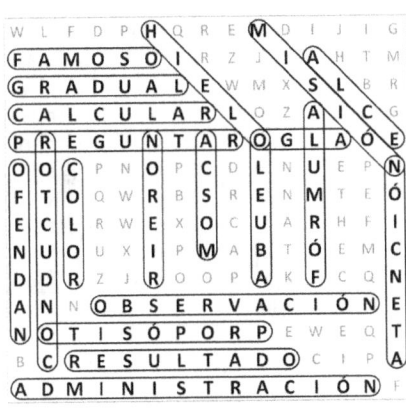

Puzzle 26

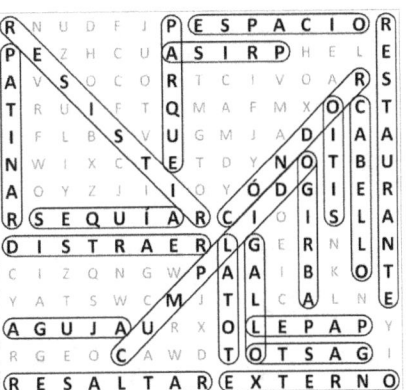

Puzzle 27

Puzzle 28

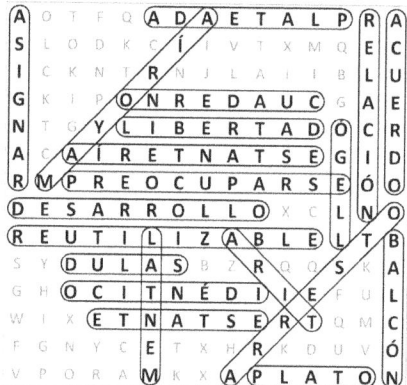

Puzzle 29

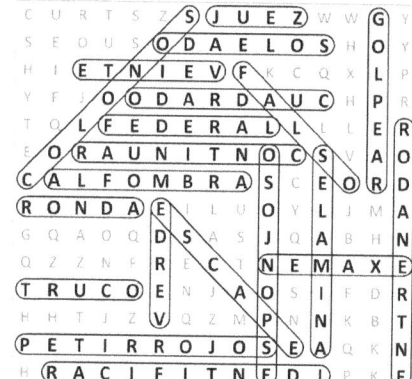

Puzzle 30

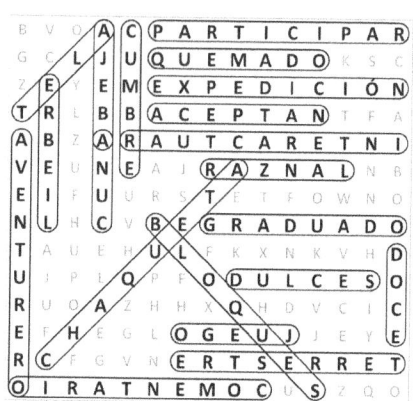

Puzzle 31

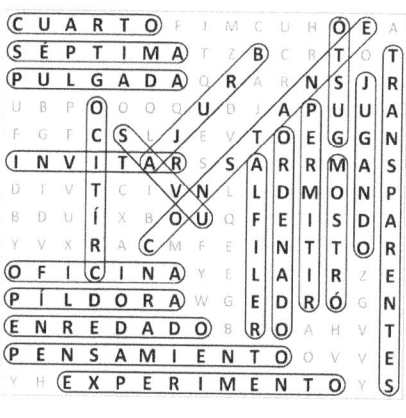

Puzzle 32

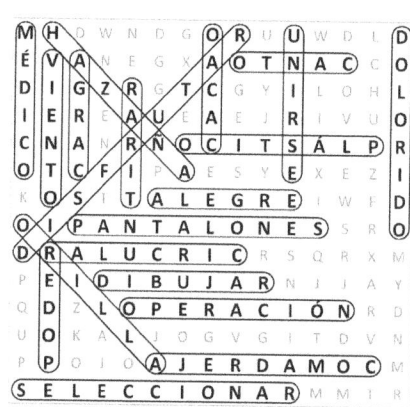

Puzzle 33

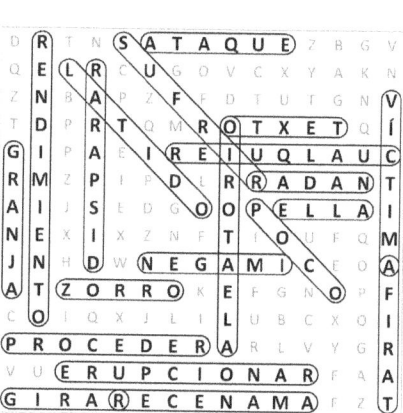

Puzzle 34

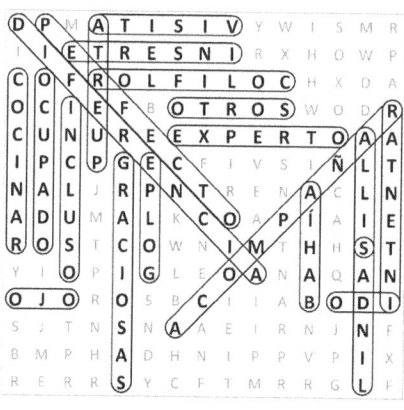

Puzzle 35

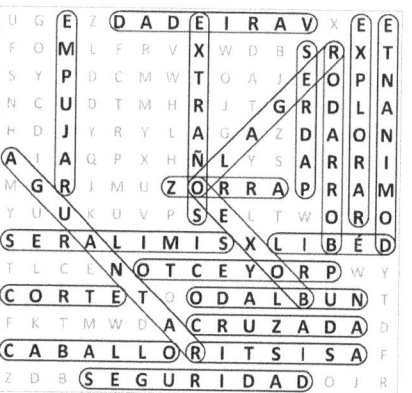

Puzzle 36

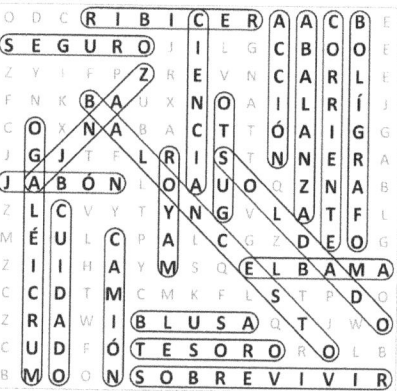

Puzzle 37

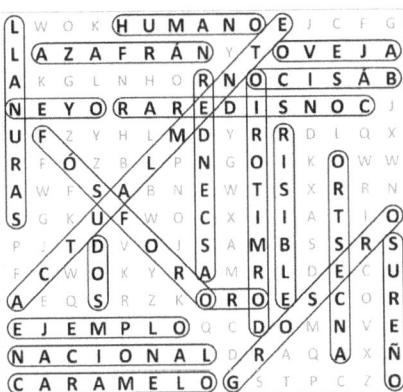

Puzzle 38

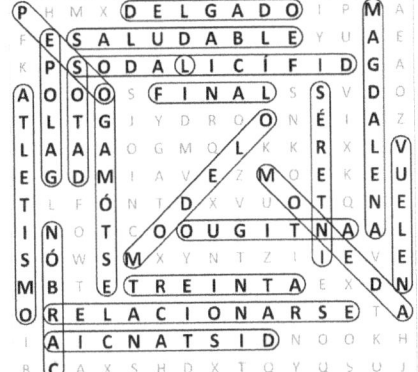

Puzzle 39

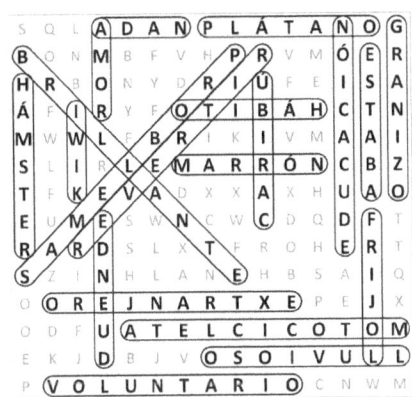

Puzzle 40

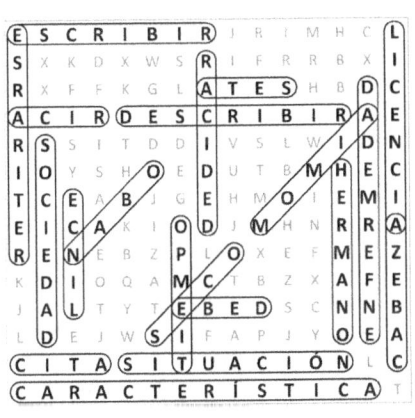

Puzzle 41

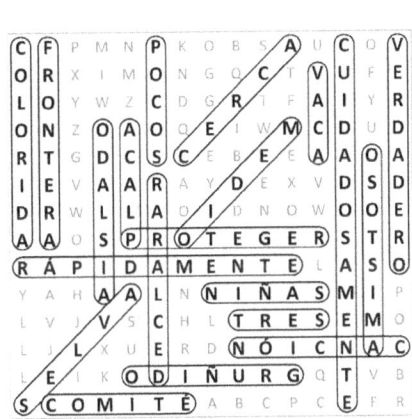

Puzzle 42

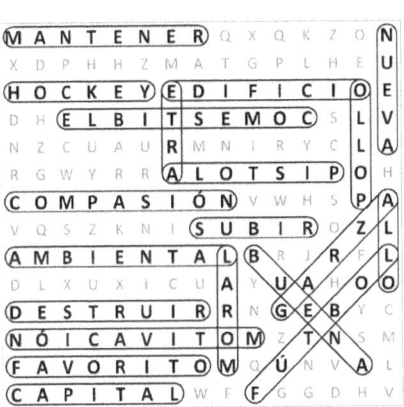

Puzzle 43

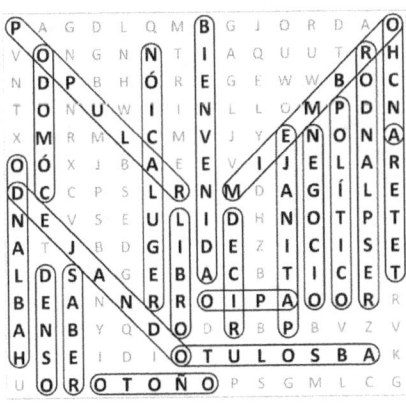

Puzzle 44

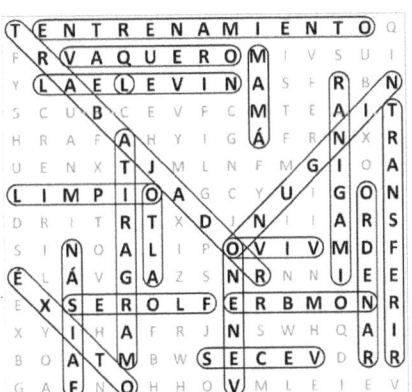

Puzzle 45

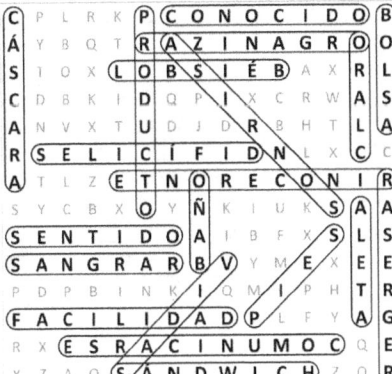

Puzzle 46

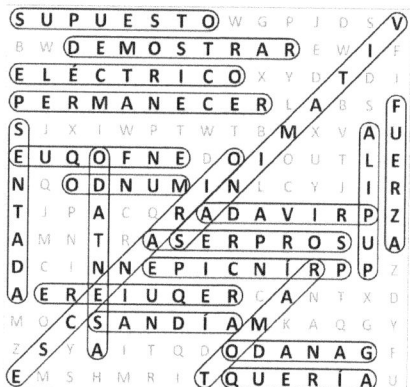

Puzzle 47

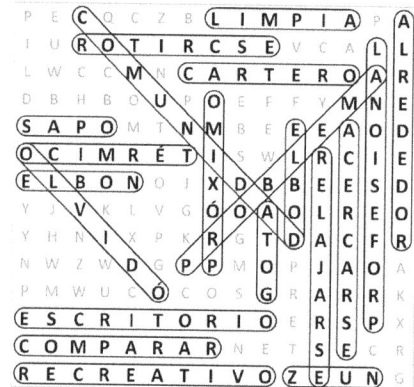

Puzzle 48

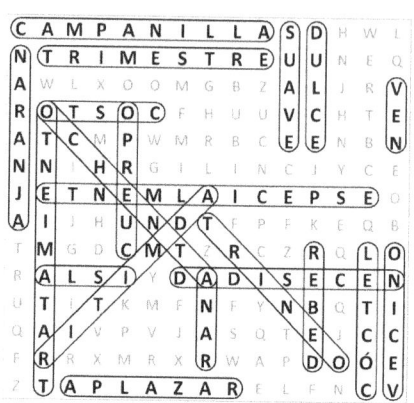

Puzzle 49

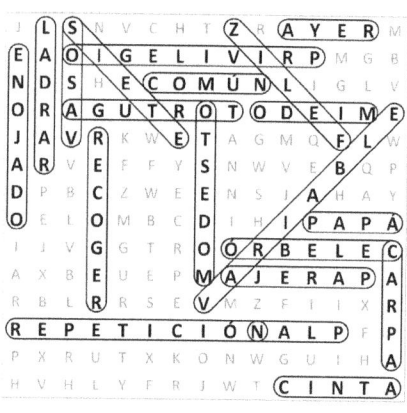

Puzzle 50

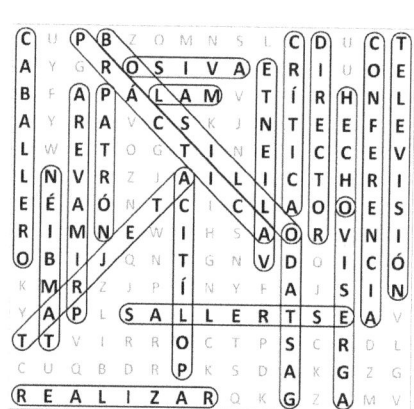

Puzzle 51

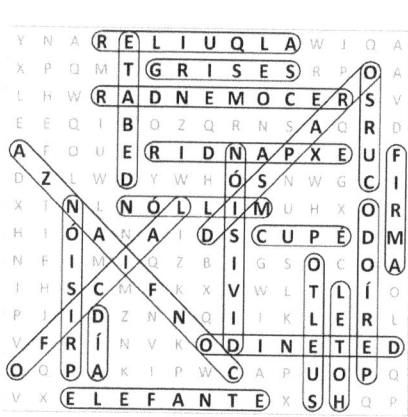

Puzzle 52

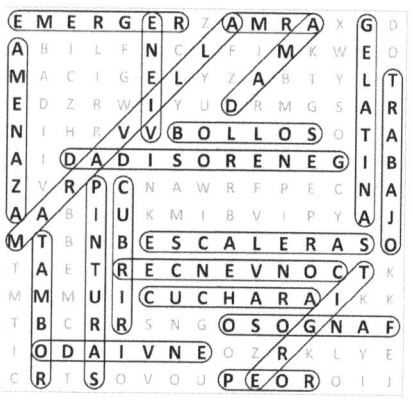

Puzzle 53

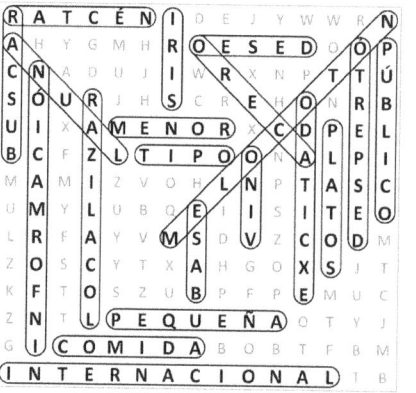

Puzzle 54

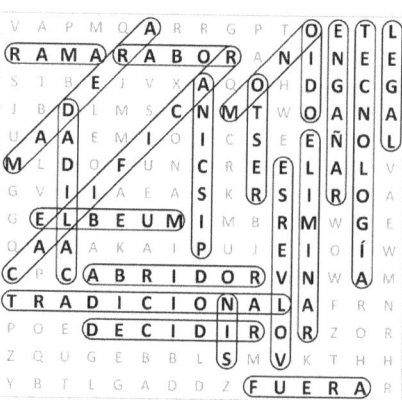

Puzzle 55

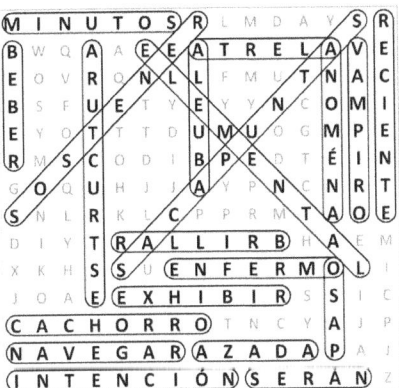

Puzzle 56

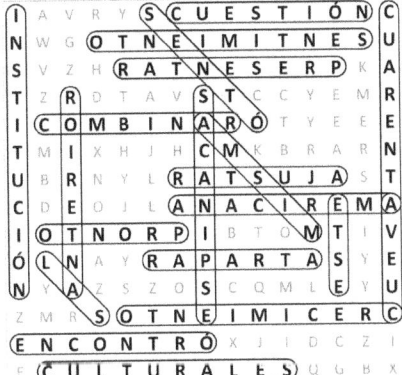

Puzzle 57

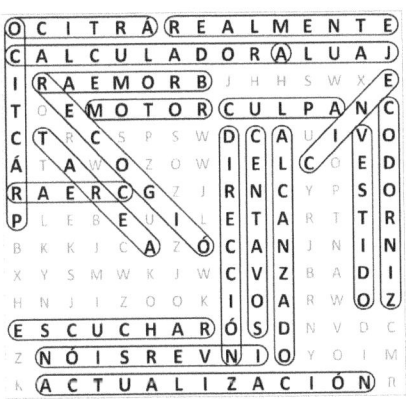

Puzzle 58

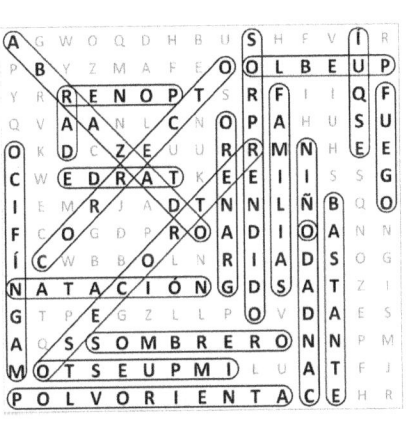

Puzzle 59

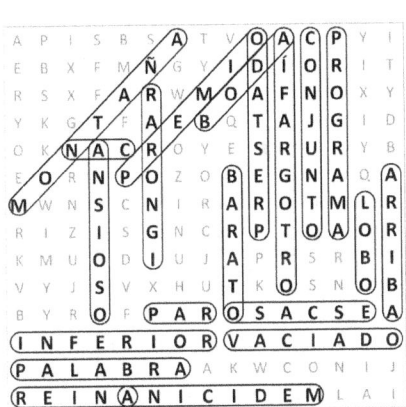

Puzzle 60

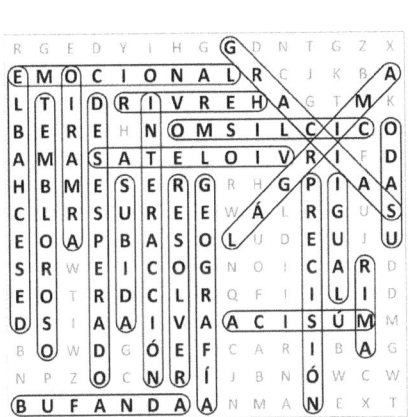

Puzzle 61

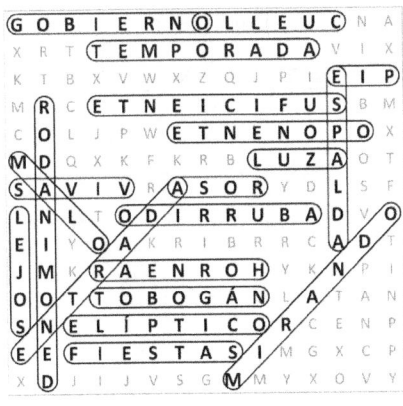

Puzzle 62

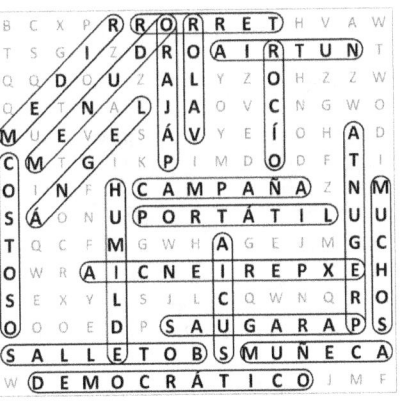

Puzzle 63

Puzzle 64

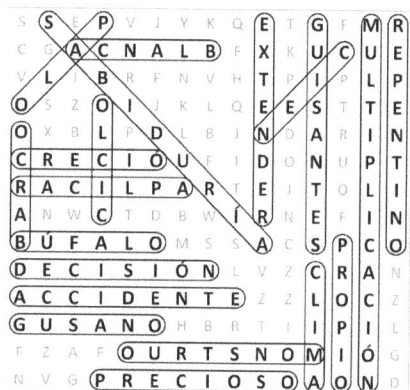

Puzzle 65

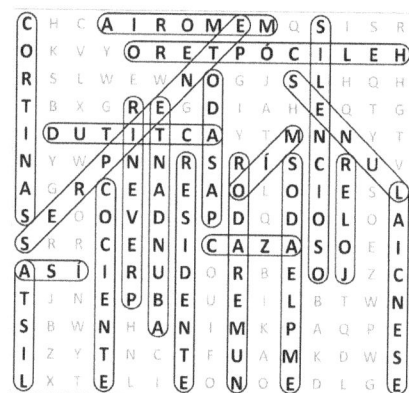

Puzzle 66

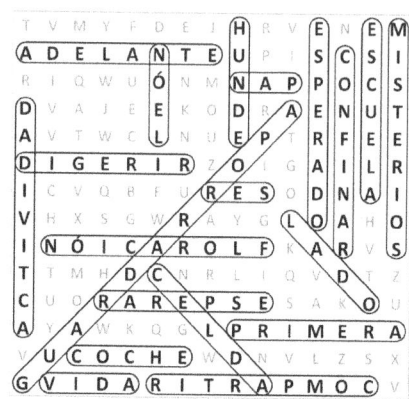

Puzzle 67

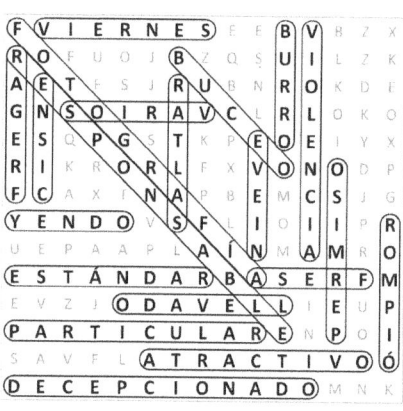

Puzzle 68

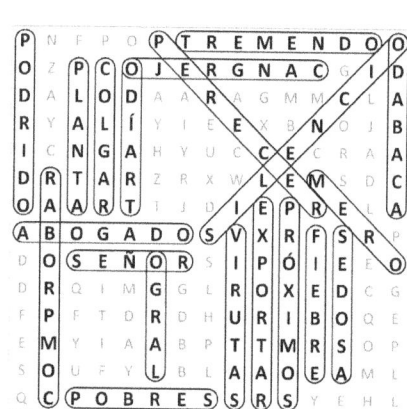

Puzzle 69

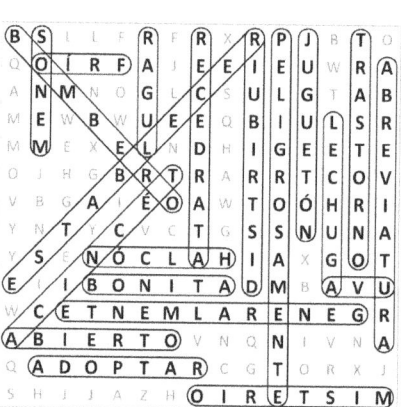

Puzzle 70

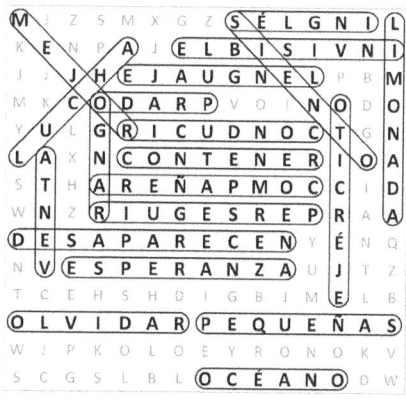

Puzzle 71

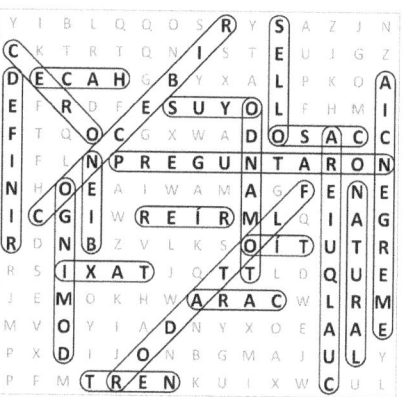

Puzzle 72

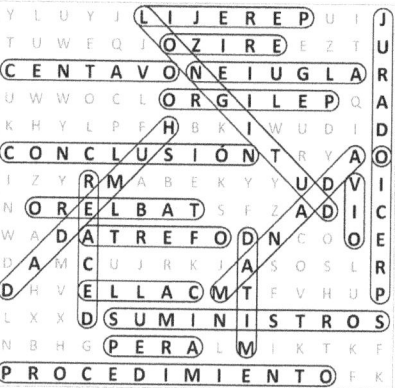

Puzzle 73

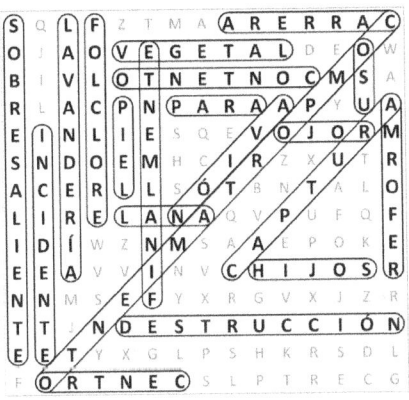

Puzzle 74

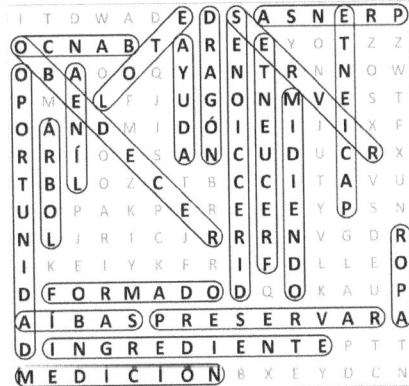

Puzzle 75

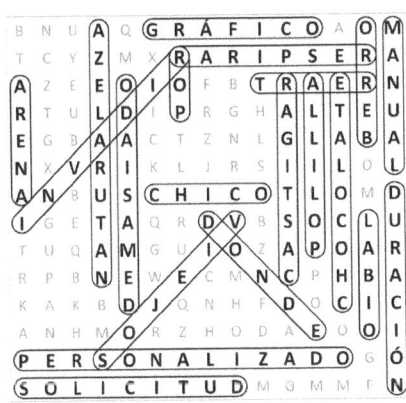

Puzzle 76

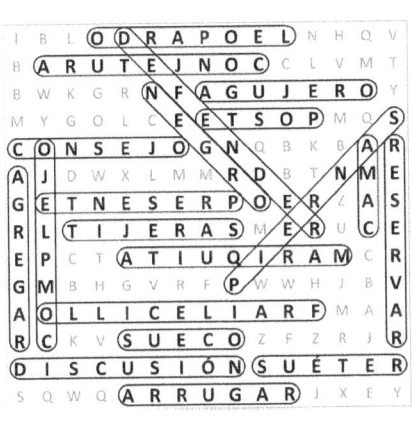

Puzzle 77

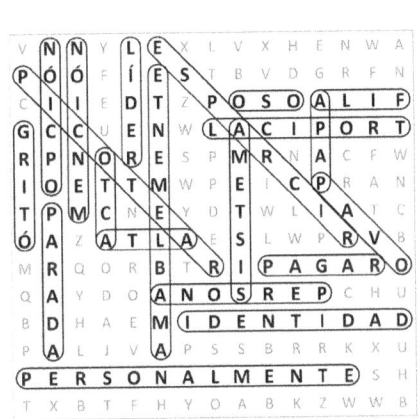

Puzzle 78

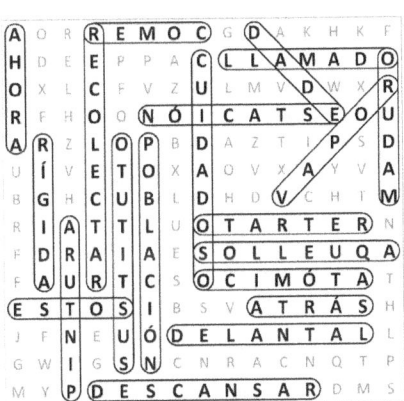

Puzzle 79

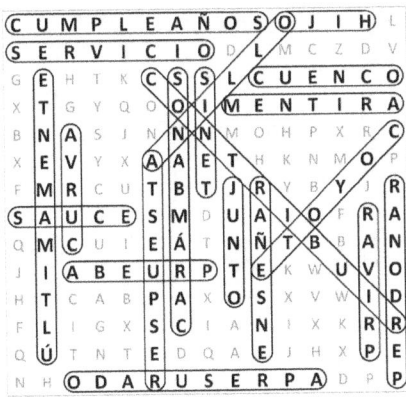

Puzzle 80

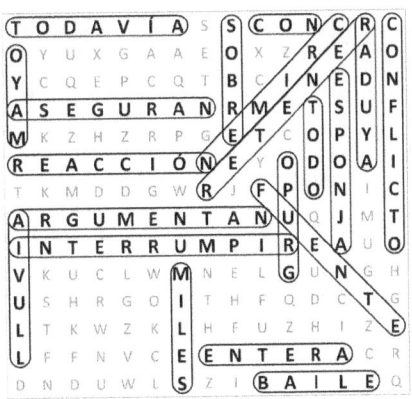

Puzzle 81

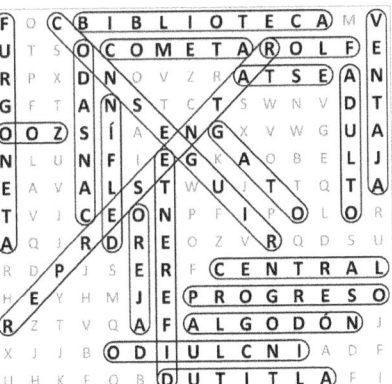

Puzzle 82

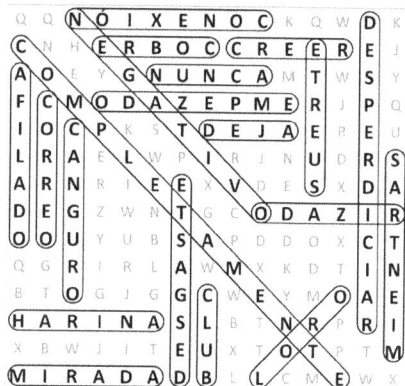

Puzzle 83

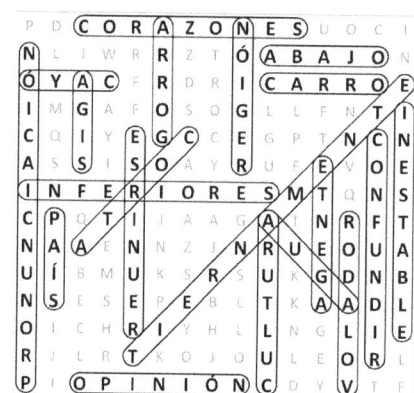

Puzzle 84

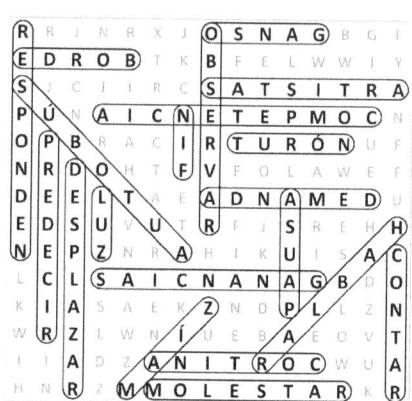

Puzzle 85

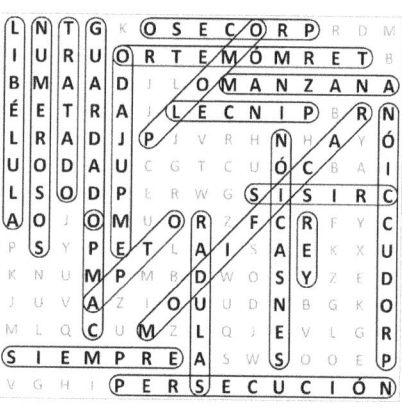

Puzzle 86

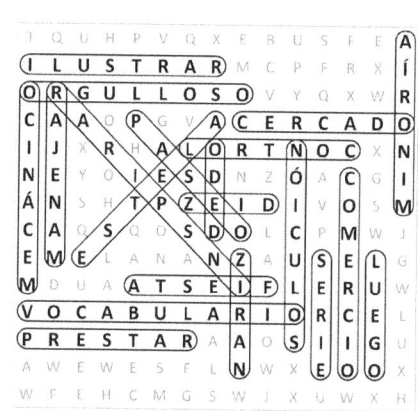

Puzzle 87

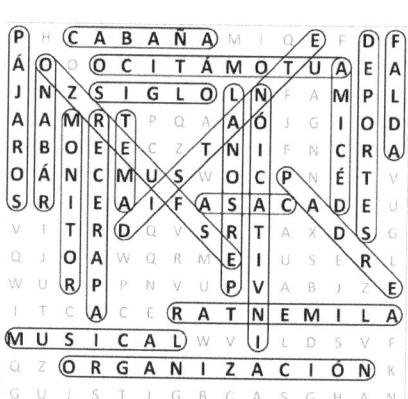

Puzzle 88

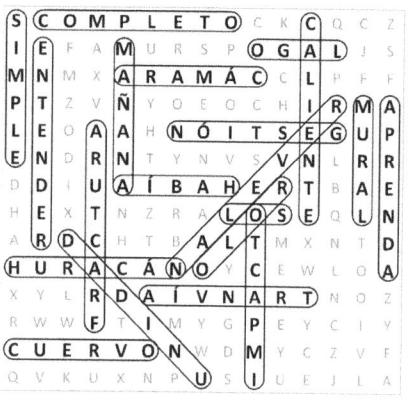

Puzzle 89

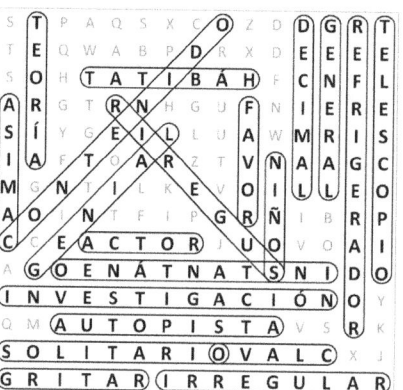

Puzzle 90

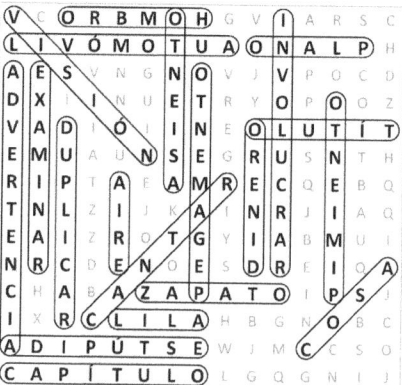

Puzzle 91

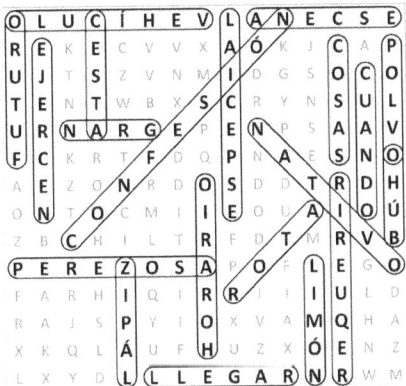

Puzzle 92

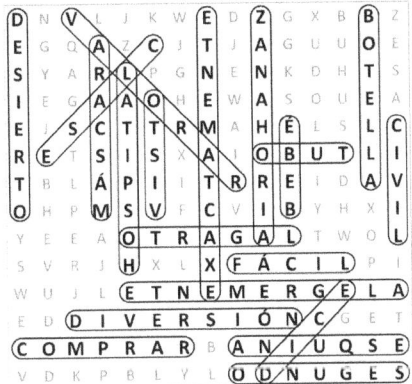

Puzzle 93

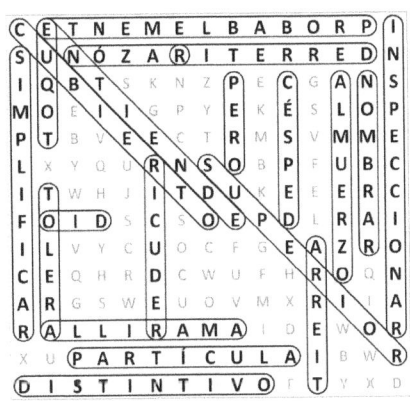

Puzzle 94

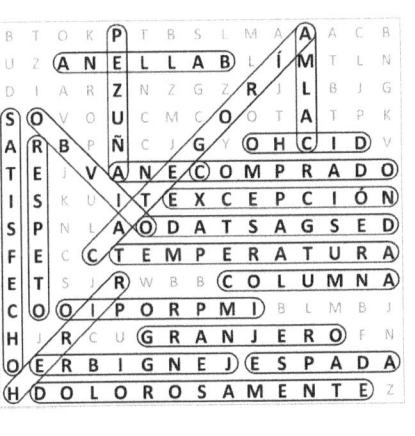

Puzzle 95

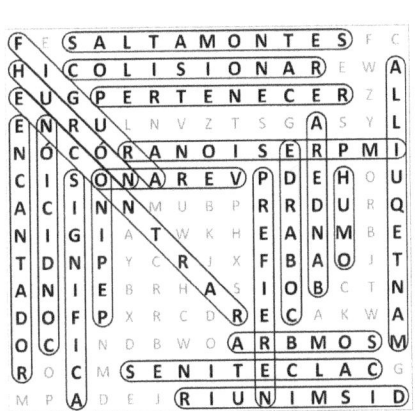

Puzzle 96

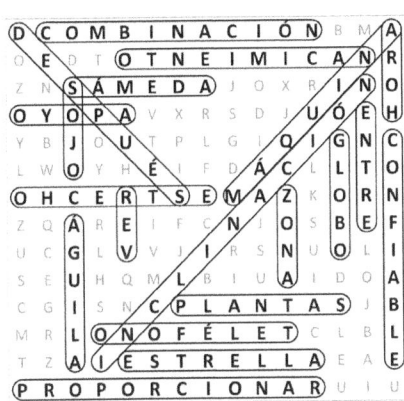

Puzzle 97

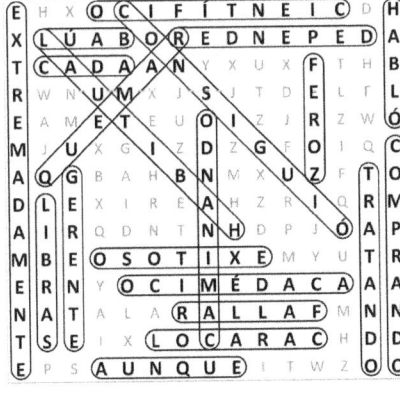

Puzzle 98

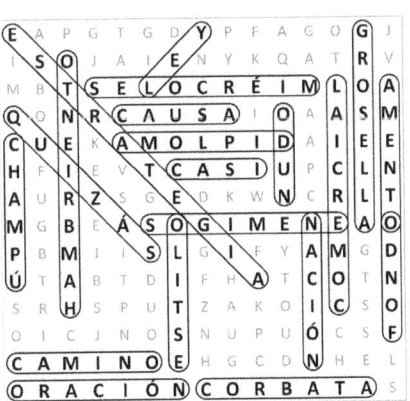

Puzzle 99

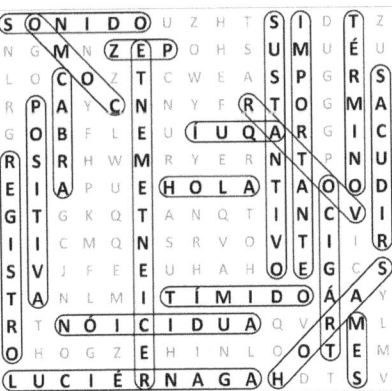

Puzzle 100

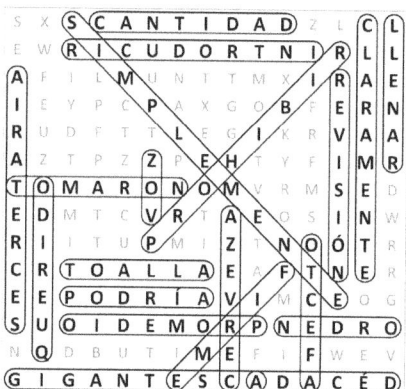

Congratulations

You made it!

We hope you enjoyed this book as much as we enjoyed making it. We do our best to make high quality games.

These puzzles are designed in a clever way to actively spark the brain and make it sharp and quick!
Did you love them?

A Simple Request

Our books exist thanks to the reviews you post on Amazon. Could you help us by leaving a review now?

Here is a short link which will take you to your Amazon orders review page.

BestBooksActivity.com/Review50

MONSTER CHALLENGE!

Challenge #1

Ready for Your Bonus Game? We use them all the time but they are not so easy to find. Here are **Synonyms**!

Note 5 words you discovered in each of the Puzzles noted below (#21, #36, #76) and try to find 2 synonyms for each word.

*Note 5 Words from **Puzzle 21***

Words	Synonym 1	Synonym 2

*Note 5 Words from **Puzzle 36***

Words	Synonym 1	Synonym 2

*Note 5 Words from **Puzzle 76***

Words	Synonym 1	Synonym 2

Challenge #2

Now that you are warmed-up, note 5 words you discovered in each Puzzle noted below (#9, #17, #25) and try to find 2 antonyms for each word.
How many lines can you do in 20 minutes?

Note 5 Words from **Puzzle 9**

Words	Antonym 1	Antonym 2

Note 5 Words from **Puzzle 17**

Words	Antonym 1	Antonym 2

Note 5 Words from **Puzzle 25**

Words	Antonym 1	Antonym 2

Challenge #3

Wonderful, this monster challenge is nothing to you!

Ready for the last one? Choose your 10 favorite words discovered in any of the Puzzles and note them below.

1.	6.
2.	7.
3.	8.
4.	9.
5.	10.

Now, using these words and within a maximum of six sentences, your challenge is to compose a text about a person, animal or place that you love!

Tip: You can use the last blank page of this book as a draft!

Your Writing:

Explore a Unique Store
Set Up **FOR YOU!**

MEGA DEALS

BestActivityBooks.com/**TheStore**

Designed for **Entertainment**!

Light Up Your Brain With Unique **Gift Ideas**.

Access **Surprising** And **Essential Supplies**!

CHECK OUT OUR MONTHLY SELECTION NOW!

- Expertly Crafted Products -

NOTEBOOK:

SEE YOU SOON!

Delta Classics Team

BESTACTIVITYBOOKS.COM/FREEGAMES